KB270876

점프 2
Jump!

점프**2**

지은이 민관식

초판 1쇄 발행 2016년 9월 27일

초판 2쇄 발행 2017년 2월 15일

책임편집 김영미

펴낸이 송성호 | **펴낸곳** 이상biz

출판등록 제313-2009-7호(2009년 1월 13일) | **주소** 서울특별시 마포구 성미산로5길 72-2 2층

이메일 beditor@hanmail.net | **전화** 02-6082-2562 | **팩스** 02-3144-2562

ISBN 978-89-93690-39-2 13320

＊이상biz는 이상북스의 경제경영서 전문 브랜드입니다.

＊책값은 뒤표지에 표기되어 있습니다.

＊파본은 구입하신 서점에서 교환해 드립니다.

＊이 도서의 국립중앙도서관 출판시도서목록(CIP)은 e-CIP 홈페이지(http://www.nl.go.kr/cip/php)와
국가자료공동목록시스템(http://www.nl.go.kr/kolisnet)에서 이용할 수 있습니다.
(CIP 제어번호:CIP2016022151)

점프 2
Jump!

언젠가 큰 물이 들 것이다
그날 반드시 배를 띄우리라

하늘 아래 새로운 것 없고 모든 것은 서로 관계 맺으며 끊임없이 변합니다. 모든 것은 관계 맺고 있기에 너와 나를 알아야 하고 우리와 세계와 역사를 알아야 합니다.

적을 알고 나를 알면 백전백승이라고 했습니다. 적을 알고 나를 모르면 승부가 반반일까요? 적을 모르고 나도 모르면 백전백패일까요? 모두 관계 맺고 있음을 모르는 사람은 독식하려 합니다. 안 될 일입니다. 공존해야 합니다.

1장에서는 세계를 살펴보았습니다. 신자유주의와 금융자본주의로 대변되는 현실 세계를 조금 다른 시선으로 살펴보

있습니다. 두렵거나 귀찮더라도 두 눈 똑바로 뜨고 응시해야
합니다. 현상은 복잡하지만 원리는 간명합니다. 자신의 문제
는 자신의 문제이기도 하지만 시대가 주는 문제이기도 합니
다. 직면한 문제를 해결하기 위해서는 '있는 그대로' 보는 것
부터 시작해야 합니다. 현실을 바르게 보지 못하면 동쪽으로
길을 나섰으나 서쪽으로 가는 어리석음을 범하게 됩니다.

어디서부터 스텝이 꼬였는지, 어떻게 꼬인 실타래를 풀어
야 하는지 찾아야 합니다. 누구에게나 내일이 찾아오기 때
문입니다.

2장에서는 세계와 나의 관계입니다. 현실에 기반한 해결
책을 찾아보았습니다. 개인의 몫이 있고 사회의 몫도 있습
니다.

연결과 공유를 기반으로 한 플랫폼platform 비즈니스가 대안
으로 떠오르고 있습니다. 플랫폼에 참여하는 업체가 될 것
인지, 단순히 이용하는 소비자가 될 것인지, 플랫폼을 소유
한 사람이 될 것인지 생각해 보았습니다. 선택하지 않으면
선택을 강요받는 때가 옵니다. 선택할 수 있을 때 선택해야
합니다.

　3장의 주제는 '나'입니다. 누구에게나 소중한 주제이고, 언제 어디서나 가장 뜨거운 주제입니다. 존재가 답을 가지고 있기도 하지만 존재를 대하는 나의 태도(수준)가 답을 가지고 있기도 합니다.

　사랑방에서 정담 나누듯 속삭였습니다. 생각을 꺼내 퍼즐 맞추듯 맞춰 보시기 바랍니다.

　우리 시대 모든 이웃의 삶이 안락하고 행복하기를 바랍니다. 저와 인연 맺고 있는 모든 사람의 행복이 저의 행복입니다. 오랫동안 행복하소서.

민관식

차 례

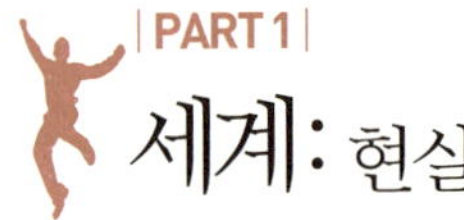

| PART 1 |
세계: 현실

들어가는 글: 마하트마 간디의 7대 사회악

|PART 2|

관계: 세계와 나

PART 1

세계 : 현실

마하트마 간디의
7대 사회악

봄 길

_정호승

길이 끝나는 곳에서도

길이 있다

길이 끝나는 곳에서도

길이 되는 사람이 있다

스스로 봄 길이 되어

끝없이 걸어가는 사람이 있다

(…)

보라

사랑이 끝난 곳에서도

사랑으로 남아 있는 사람이 있다

스스로 사랑이 되어

한없이 봄 길을 걸어가는 사람이 있다.

원칙 없는 정치, 노동 없는 부, 양심 없는 쾌락, 인격 없는 교육, 도덕 없는 경제, 인간성 없는 과학, 희생 없는 신앙. 마하트마 간디의 7대 사회악입니다.

문제 해결의 출발점은 현실입니다. 직면한 현실이 어떠한지, 어떤 원리(시스템)로 세계가 돌아가는지를 직시(直視)해야 해결책을 찾을 수 있습니다. 해결할 수 없는 일은 일어나지 않습니다. 인간은 자신이 감당할 수 있는 일에만 도전하기 때문입니다.

매일 40명이 자살하는 우리 사회는 매년 1개 사단이 넘는 1만 5천여 명이 자살합니다(이런 비유도 군사 문화의 잔재이지만). '헬조선'이 의미하는 이 사회가 어떤 것인지 묻지 않을 수 없습니다.

현실을 직시한다는 것이 결코 쉬운 일이 아닙니다. 시대나 사건의 한복판에서 객관적인 시각을 갖기는 어렵습니다. 마치 숲속

에서 숲을 보는 것과 같이 어려운 일입니다. 종교와 교육, 정치는 인간 의식의 토대입니다. 현실 종교와 정치, 교육은 본연의 모습을 잃고 자본과 하나가 되었습니다. 그래서 깨어 있는 정신으로 산다는 것이 만만치 않습니다.

마하트마 간디의 일곱 가지 사회악에 빗대어 우리 현실을 살펴보겠습니다.

01 원칙 없는 정치

정치는 국민에게 희망을 주고 이해 당사자간 합리적 조정자가 되어야 합니다. 많은 사람들이 모여 있는 복잡다단한 사회에서 모두를 만족시키는 제도는 없습니다. 그러기에 대중은 손해를 보더라도 시스템에 일관성이 있으면(예측 가능성이 있다면) 납득하고 받아들여 조화를 이루며 살아갑니다(법이 만인에게 평등해야 하는 이유입니다).

문제 해결책이 진보냐 보수냐를 떠나 상식적이어야 합니다. 있어야 할 것은 있고 없어야 할 것은 없으면 됩니다. 해야 할 것은 하고 하지 말아야 할 것은 하지 않으면 됩니다.

하지만 당연한 일들이 비상식적·비논리적으로(모든 정권이 안보와 애국을 전가의 보도인 양 내세우지만 역사상 모든 기득권 세력에게는 집권 연장만이 절대명제입니다.) 해결되는 일이 비일비재합니다. 메르스 사태나 세월호 사고, 어버이연합, 가습기 살균제 사태 등을 통해 드러난 관료주의(정치적 해법)는 우리를 절망하게 합니다(문제해결능력은 고사하고 해결하고자 하는 의지도 없어 보입니다). 오히려 문제 은폐에 급급한 모습입니다. 관료주의는 우리 사회만의 문제는 아닐 것입니다. 자본주의나 사회주의, 동서고금을 통해 비대해진 모든 관료 조직은 심각한 경직성을 드러냅니다. 필요에 의해 조직을 만들었으나 조직을 위해 대중이 희생되는 기현상이 일반화되었습니다(카뮈의 소설《페스트》를 참고하면 좋겠습니다).

기업(자본)이 정부를 넘어선 지 오래입니다. 자본과 권력을 독점한 소수 엘리트에게 유리하게 법과 제도가 정비되고 있습니다.

그간 보수 세력은 어떤 문제도 경제와 안보 논리로 해결책을 제시했습니다. 진보 세력은 정치적으로 문제를 해결하려 했습니다. 건강한 사회를 위해서 시민운동이나 정치운동도 필요하지만 보다 근원적이고 장기적인 해결책은 대중의 각성과 연대입니다. 시민의 각성이 있어야 하고 대중의 삶이 경제적·정신적으로 안정되어야 합니다. 환경운동이나 녹색운동, 지역화폐 운용 등으로 각자가 처한 곳에서 각 개인이 (경제적으로) 자립하고 건강해져야 합니다. 연결과 공유를 기반으로 한 지속가능한 모델을 만들어야 합니다. 정치적 해법 못지않게 소그룹 단위, 지역 단위 공동체 운동 등으로 연대하는 것이 중요합니다.

정지권력은 본질적으로 억압과 지배입니다. 일반적으로 농양인은 국가와 정권을 혼농하기 쉽게 교육받아 왔습니다. 유교 질서에서 국왕과 국가는 신성시되며 절대권위를 갖습니다. 국왕과 국가는 합법적으로 살인을 저지를 수 있는 유일무이한 기구입니다. 국가의 이름으로 개인을 살해하기도 하지만 베트남전, 중동전과 같이 합법적(?) 전쟁을 벌이기도 합니다. 흔히 이기주의는 비난하지만 애교심, 애향심, 애국심은 권장됩니다. 그러나 애국심(안보 및 경제성장)으로 포장된 정치적 해법이 해당 정권의 집권 연장이나 기득권층의 사익을 위함이 아닌지 살피고 견제해야 합니다(2016년 7월 7일 영국은 7년간의 연구를 마치고 이라크전쟁 보고서를 발표했습니다. 이라크전쟁은 "그릇되고 부도덕한 전쟁이었다"고 결론 냈습니다. 당시 총리였던 토니 블레어는 법정에 설 듯 합니다. 국가를 비판할 수 있으니 영국의 건강성을 볼 수 있습니다). 원칙 없는 정치는 소수의 사익만을 보장합니다. 신자유주의를 기반으로 하는 정치권력은 다수 대중의 꿈과 희망을 빼앗았습니다. 민주주의는 정치제도이고 자본주의는 경제제도이지만 민주주의는 자본주의의 하수인 같습니다(대한민국은 민주주의는 앞세우지만 자본주의는 잘 드러내지 않습니다).

02 노동 없는 부

소위 '갑질논란'이 끊이지 않습니다. 연일 벌어지는 기가 막힌 사연들이 가슴을 아리게 합니다. 일하는 사람보다 돈 쓰는 사람이 대접받는 사회입니다. 앞으로도 유사한 일들이 되풀이될 것을 알고 있기에 더욱 안타깝습니다.

자본주의(資本主義)는 솔직한 표현입니다. 신본주의(神本主義), 인본주의(人本主義)와 비교해 보면 그 의미가 더욱 선명하게 드러납니다. 자본주의를 시장 용어로 하면 '돈 놓고 돈 먹기'입니다. 노동으로 돈을 벌 수도 있고 자산으로 돈을 벌 수도 있습니다. 노동으로 돈을 버는 것이 쉬울까요, 돈으로 돈을 버는 것이 쉬울까요? 우문(愚問)일까요? 삼척동자도 알다시피 자산소득 증가율을 근로소득 증가율에 비교할 수 없습니다. 신자유주의의 선두에 있는 금융자본주의는 대자본이 소자본을 착취하는 구조입니다. 극단적인 경우를 제외하고 많은 돈을 가진 사람(또는 물려받은 사람)이 지속적으로 이기게 되어 있습니다. 물론 이런 시스템은 합법적(?)으로 이루어집니다.

신자유주의는 우리 사회에 회생 불가의 난제를 산적해 놓았습니다. 수익성과 효율성 앞에서 '모든 것이 정당화'되는 신자유주의는 차가운 승패 논리만 존재합니다. 노동수입은 자산수입의 먹이입니다. 사회 구성원의 절대 다수인 근로소득자가 함정에서 벗어나기는 힘들어 보입니다.

해결책이 있을까요? 몸부림쳐 보지만 몸부림칠수록 깊게 빠져드는 구조는 아닐까요? 새로운 해결책을 찾아야 하는 것이 아닐까요? 문제를 바르게 제기하면 이미 반 이상 해결된 것이나 마찬가지입니다.

산업자본은 공장이 있고 노동자가 있고 그 뒤에 노동자 가족이 있습니다. 하지만 금융자본은 완벽히 사람이 배제되고 있습니다.

자본주의의 세포가 상품입니다. 상품의 종류와 양은 끊임없이 증가합니다. 우리 주변을 돌아보세요. 상품 아닌 것이 없습니다. 산모도 상품이 되었고 노인도 상품이 되었습니다. 질병 자체가 상품이 되었습니다. 치안이라는 공공재도 상품이 되었고 교도소가 민영화되면서 재소자도 상품이 되었습니다.

_신영복의《담론》

뿐만 아니라 교육도 상품이고 종교도 고급 상품이 된 지 오래입니다. 무서운 일이지만 전쟁도 상품입니다. 페달을 밟지 않으면 자전거가 넘어지듯 확장 구조로 재편된 자본주의는 끊임없는 소비가 일어나야 합니다. 사대 강에 보(洑)를 만들고 수질탐사용 로봇을 개발하고 언젠가 다시 보를 허물 것입니다. 마치 공해유발 시설을 건설하고 공해처리 시설을 세우고 병원을 짓고 하는 식입니다. 하지만 소비가 미덕이라는 구호도 모순의 극치입니다. 최대의 소비는 전쟁입니다.

이런 일련의 과정에서 정부는 생산력이 증대한다는 경제지표(GDP의 성장)를 장밋빛으로 제시합니다. 명목소득이 올라도 실질소득(떠들썩하게 회의를 하더니 2017년 최저임금이 올해보다 440원 오른 시급 6470원으로 결정되었습니다)은 감소합니다. 물가와 세금은 날아가고 임금은 걸어가는 셈이지요. 이런 구조에서는 아무리 열심히 일해도, 아무리 열심히 공부해도 삶의 질이 높아지지 않습니다.

상품 중심 경제에서 한 걸음 더 나아가 화폐 중심 경제를 살펴보겠습니다. 화폐는 상품의 아들이었지만 이제는 상품으로부터 독립하여 상품의 주인으로 군림합니다. 아니 인간의 주인으로 세계의 주인으로 우뚝 서 있습니다. 마치 인간이 기계를 생산하였으나 기계가 인간을 지배하는 영화의 대본과 우리 일상이 다를 바 없습니다.

서브프라임모기지 상품이 누구를 어떤 지경에 빠지게 하는지 전혀 신경 쓰지 않습니다. 수익 통계치 외에는 아무것도 보지 않습니다. 유해 식재료가 어떤 식품에 들어가는지, 그 식품을 누가 소비하는지, 얼마나 치명적인 질병을 부르는지 관계하지 않습니다.

금융자본은 무엇을 생산하는 자본이 아닙니다. 산업자본이 자연과 노동을 수탈하는 구조라면 금융자본은 큰 자본이 작은 자본을 수탈하는 파괴적 시스템입니다.

_신영복의 《담론》

노동 없는 수확이 있을 수 없고, 노동 없이 소비가 불가능합니다. 소비자(고객)가 대우받는 세상입니다. '공부 열심히 안 하면 저기 보이는 청소부 아저씨처럼 된다'는 표현에서 노동에 대한 뿌리 깊은 무의식을 엿볼 수 있습니다. 노동보다 돈이 상위에 있습니다. 노동자를 짐승 대하듯 갑질 하는

신자유주의?

100명 중 80명이 죽거나 중상이라면 바른 처방일까요? 한 명이 살고 99명이 중상이나 사망이라면 약으로서 의미가 있을까요? '비 오는 날 우산 빌려주고 맑은 날 돌려 달라'는 말은 금융자본주의를 상징합니다. 담배인삼공사에는 '담배로 망친 건강 홍삼으로 회복하자'고 써 있다고 합니다. 창조경제의 극치입니다. 신자유주의는 1대 99의 사회입니다. 그래도 산업사회에서는 20대 80의 구조였습니다. 어떻게 이런 처방전이 버젓이 사용될까요?

사람은 모르긴 해도 정상적인 노동을 하지 않았으리라 생각됩니다. 사회 지도층이 노동을 경시하고 정상적인 노동으로 부를 획득하지 않았다면 심각한 문제입니다. 신자유주의 시스템에서 정상적인 노동으로는 부자가 될 수 없고 경제적 자유는 언감생심입니다. 노동 없이 세계가 존재할 수 없습니다. 노동의 가치를 인정해야 하고, 생존 가능한 노동의 대가를 제도적으로 보장해야 합니다. 이것이 법과 정치가 존재하는 이유입니다.

한 명을 위해 모두가 희생되는 구조에서 '살아 있음 자체'만으로 "이렇게 어려운 일을 제가 자꾸 해내지 말입니다"라는 드라마 대사가 생각납니다.

노동이 즐겁고 행복한 세상이 되기를 꿈꾸어 봅니다. 그 꿈이 이루어지는 날 다시 읊조릴 것입니다. "이렇게 어려운 일을 우리가 또 해냈지 말입니다."

03

인격 없는 교육

　　세 번째 사회 악, 양심 없는 쾌락에 대해서는 다루지 않고 인격 없는 교육에 대해 이야기하겠습니다. 교육과 의료, 주택은 생존의 기초이자 행복의 토대입니다. 쿠바의 무상의료(쿠바 헌법에는 "쿠바 영토에 있는 사람은 국적, 나이, 성별, 종교, 피부색과 관계없이 국가에 치료를 요구할 수 있고 국가는 무상으로 치료해야 한다"고 명시되어 있습니다. 실제로 그렇게 합니다.)는 우리를 돌아보게 합니다. 복지제도나 무상의료는 GDP 문제가 아니라 국민을 바라보는 철학의 문제라고 생각합니다. 주택과 의료, 교육은 개인의 문제가 아니라 공공재(公共財)로서 바라보아야 타당합니다. 국가가 국민을 위해 존재해야지 국민이 국가를 위해 존재하는 것은 독재 국가나 전제왕권 국가의 전설이 아닐까요? 설마 21세기에, 그것도 OECD 국가에서 국민 위에 군림하는 국가권력은 없겠지요?

대한민국의 교육은 고가의 소비재라는 느낌을 지울 수 없습니다. 교육비를 개인의 부담하고 교육의 성과도 개인이 사유(私有)합니다. 신자유주의는 소유의 독점과 확대를 생명으로 삼습니다. 교육이 신분 상승을 위한 거의 유일한 통로인 사회에서 서민이 감당할 수 없는 비싼 사교육이 명문대 입학의 토대라면 공정 경쟁은 불가능합니다. 제도적으로 평등한 교육 기회를 보장해야 합니다. 적어도 돈이 없어 교육받을 기회조차 제공받지 못한다면 경제력이 세습되는 사회라고 인정해야 합니다. 평등한 교육 기회는 민주주의의 기본입니다. (우리는 자본만 민주주의가 아닐까요?)

한국 산업이 큰 폭으로 성장하던 1960년대부터 1990년대까지는 공부가 '시작과 끝'이었습니다. 어디까지 공부하든 (국졸이든 중졸이든 실업계 고교든 인문계든 4년제 대학이든 전문대든

석사든 박사든) 학벌에 준하는 일자리를 찾을 수 있었고, 고도 성장기에는 정년이 보장되었습니다. 조금 더 공부하면 상대적 안정과 두둑한 봉급이 보장되었습니다. 졸업장 종류에 따라 부의 양과 질이 결정되니 '집 팔고 논 팔아' 자식 공부에 운명을 걸었던 것입니다. 그러나 2000년대에 기업은 '고용 없는 성장'을 내세웠고 기계와 컴퓨터가 사람의 일자리를 차고앉았습니다. 예전에는 중졸도 고졸도 취업이 되었는데, 이제는 대학원에 어학연수, 박사학위를 받고 국가고시를 통과해도 취업하기가 하늘의 별 따기가 되었습니다. 사정이 이런데도 학벌의 플라시보Placebo(가짜약 효과)에 빠진 기성세대는 사교육에 목숨을 겁니다. 자식의 스펙 관리를 위해 가정이 해체되는 것도 마다하지 않고 노후자금도 소진해 버립니다.

교육은 검증된 사실과 시스템을 전하지만, 계몽은 기존의 방법이나 학설, 시스템으로 해결하지 못하는 문제를 새로운 관점으로 제시합니다. 그러므로 계몽은 기존 질서와 충돌합니다(유럽 중세를 마감한 계몽주의를 생각하면 됩니다). 단순한 대립이 아니라 사활을 건 투쟁입니다. 패러다임의 변화는 피를 먹고 옵니다. 계몽은 필연적으로 혁명적인 성격을 띠게 되고 기득권층의 완강한 저항에 부딪칩니다(중세의 마녀사냥, 독재 정권의 종북 몰이).

교육은 문제해결능력을 키우는 것입니다. 관점을 바꾸는 힘을 키워야 합니다. 이런 까닭에 교육은 계몽적 성격을 띠어야 합니다. 기성세대가 미래 세대의 꿈을 빼앗고 있다면, 교육을 통해 새로운 대안을 고민하고 제시해야 합니다.

물고기를 잡아 주기보다 그물 만드는 법을 가르쳐야 합니다. 주어진 문제를 다양한 관점에서 바라보고 해결책을 모색하는 것이 교육의 본질입니다. 세계와 인생을 보는 틀을 키우는 것이 교육입니다.

학교에는 정답이 있지만 인생에는 정답이 없습니다. 인생에는 아무 수도 없는 문제, 답이 여럿인 문제, 심지어 답이 없는 문제도 있습니다. 하지만 우리 교육은 하나의 정답을 정해 놓고 줄 세우기를 합니다(국정교과서가 있다는 것 자체가 교육적이지 않을 뿐 아니라 폭력적이기까지 합니다). 우리의 교육은 각자의 재능을 개발하는 것이 아니라 균일화된 통조림을 꾹 꾹 찍어 내는 과정입니다. 1등급 통조림이 되기 위해서는 더 많은 사교육비를 지불해야 합니다.

생산된 제품이 판매되지 않으면(고객에게 외면당하면) 회사는 문을 닫고 경영자는 책임을 져야 합니다. 4-6년의 시간(초등학교부터 계산하면 짧게는 16년, 길게는 20년 이상)과 비싼 등록금을 내고 구매한 졸업장이 무용지물입니다. 통조림 구매 고객이 없다면 공장(학교)은 문을 닫아야 합니다(이것이 상식적인 자본주의입니다). 하지만 재고가 산처럼 쌓여도 공장은 쉼 없이 돌아갑니다. 재고가 산처럼 쌓여도 사장의 주머니는 두둑해지는 마술(세금으로 지원해 주기에) 같은 시장입니다(고려대학교는 4대째 세습되고 있습니다). 대졸자의 5퍼센트만이(실질적으로 경제적 자립이 가능한 임금을 받을 수 있는 일자리에) 취업이 가능한데도, 사학 재벌들은 학생의 자질과 노력 부족을 탓하며 영업을 계속합니다(사학 재벌은 강사와 학생 등에 빨대를 꼽고 피를 빤다고 할 수 있습니다). 상황이 이렇지만 수요가 있는 한 공급은 계속되겠지요.

우리 선조들은 학문의 첫 걸음을 '천지현황 우주홍황'(天地玄黃 宇宙洪荒)으로 우주적 스케일을 노래했습니다. 공(工)은 하늘[一]과 땅[_]을 연결(工)하는 것이고, 부(夫)는 하늘과 땅을 연결하는 주체가 사람이라는 뜻입니다. 공부는 앵무새처럼 정답을 외우는 것이 아니라 문제를 바라보는 관점을 키우는 것입니다. (암기와 계산은 컴퓨터가 더 뛰어납니다.) 삶을 관통하고 세계를 가슴에 품는 것이 공부입니다. "바둑아, 바둑아 이리와"로 시작하는 우리 초등학교 교육과 "I am a boy"로 시작하는 영어 교육과는 차이가 있습니다.

하루 빨리 교육이 제자리를 찾아야 합니다. 통조림 공장이 되어 버린 학교에서 탈피해 인간을 우선에 두는, 생명을 최우선에 두는 교육이 되어야 합니다. 이런 철학을 기반으로 경제적 자립이 가능한 교육으로 변화해야 합니다. 경쟁

존재하지도 않은 직업

한국에서 가장 이해하기 힘든 것은 교육이 정반대로 가고 있다는 것이다. 한국 학생들은 하루 열 시간 이상을 학교와 학원에서 자신들이 살아갈 미래에 필요하지도 않을 지식과 존재하지 않을 직업을 위해 아까운 시간을 허비하고 있다.

— 미래학자 앨빈 토플러

을 기반으로 독식하려 하니 '경제적 자립'이니 뭐니 하지 공
존을 기반으로 하면 교육과정도 쉽게 변화합니다. '생존'이
아니라 '행복 중심 교육'이 됩니다.

도덕 없는 경제

04

'경제' 하면 차가운 숫자놀음과 냉혹한 생존경쟁이 떠오릅니다. 인간과 인간의 노동이 배제되고 수익성만 추구하는 경제가 지구촌을 휩쓸고 있습니다.

북유럽 국가들의 복지제도가 제아무리 잘되어 있다고 해도 그들만의 리그입니다. 북유럽 기업들도 아프리카나 제3세계 독재 정권을 비호하고 그 대가로 제3세계 국가경제를 수탈합니다. 국익이라는 이름 아래 자신들의 영토 밖에서는 다른 얼굴을 하고 있습니다. 지금 유럽의 가장 핫한 이슈인 난민 문제도 상당부분 유럽의 몫입니다.

어디서부터 길을 잃었는지 모르지만 주객이 전도되었습니다. 대중의 필요에 의해 만들어진 관료 조직, 경제 시스템, 교육 이론, 종교 조직, 정치 집단을 위해 대중이 착취당하는 현실이 되고 말았습니다.

옛날 노예는 발목에 쇠스랑을 채웠지만 요즘 노예는 보이지 않는 쇠스랑에 묶여 뜀박질을 강요당하고 있어요. 옛날 노예는 쇠스랑 때문에 어슬렁어슬렁 일했고, 사슬에 묶인 줄 알았어요. 지금은 묶인 사실조차 모르고 자유를 구가한다고 착각할 뿐만 아니라 스스로 만든 사슬로 칭칭 동여매고 있습니다. 자승자박이죠.

_전우익의 《사람이 뭔데》

피로사회입니다. 과거의 노예는 주어진 일만 하면 됐지만, 현대인은 내일이 불안하고 모레가 불안해서 스스로 채찍질해 댑니다. '네가 죽어야 내가 사는 구조'를 신격화해 놓고 스스로 구속된 결과입니다.

자유와 행복에 최우선 가치를 두어야 합니다. 자유와 행복의 기준은 사람마다 다르겠지만 무엇보다 경제적 자유가 선결되어야 할 것입니다. 물적 토대가 안정되어야 삶의 질을 추구할 수 있습니다. 자기 자신다운 모습으로 살아야 행복합니다. 개는 개소리 내고 닭은 닭소리 내는데 사람만이 자기 목소리 내기보다 남을 닮지 못해 안달하도록 상품 경제가 내몰고 있습니다(우리와는 다르게 선진국 아이들은 브랜드에 휘둘리지 않는다고 합니다. 개성이 우선이지 브랜드에 휘둘리면 천박하게 본다고 합니다. 문화의 힘은 또 다른 국력입니다).

한 방향으로 일방적으로 작용하는 힘은 어떤 생명체도 용납하지 않습니다. 공존해야 합니다. 아무 수가 없어요. 공존지수가 높은 사회가 건강하고 행복한 사회입니다. 에드워드 월슨Edward Wilson의 연구에 의하면 "특정 집단 내에서는 이기적인 개체가 자기 보존에 유리하지만 집단간 투쟁에서는 이기적인 개체가 많은 집단이 이타적인 개체가 많은 집단에게 패배한다"고 합니다. 힘 있는 사람들이 약한 사람들을 대하는 태도에서 그 사회의 수준을 알 수 있습니다. 선진국과 후진국의 차이입니다.

자기 혼자 살려니 농작물에 농약 뿌리고, 동물을 우리에 가둬 두고 손톱 발톱 자르고 성장촉진제에 항생제까지 투여

해 기르고, 사람에게 물대포를 쏘아 대는 것입니다.

존재론적 사고가 한계에 봉착하면서 관계론적 사고가 대안으로 떠오르고 있습니다. 천년제국 로마도 더불어 사는 시스템에서 독식(獨食)으로 가며 붕괴했다고 하지요. 승자독식, 일방적인 힘의 작용을 인류가, 자연이 용납하지 않아요. 자연을 훼손한 결과 엘리뇨니 라니냐니 하는 기현상이 일어납니다. 공기나 물 없이 생명체가 살 수 없습니다. 노동자 없이 기업가가 어떻게 존재할까요? 학생 없는 선생은 의미가 없습니다. 국민 없는 정부가 무슨 의미가 있어요? 모든 것을 사람이 독식하려 들면 안 됩니다. 농약을 마구 뿌려 대 새나 곤충이 모두 사라지고 사람만 존재한다면 어떻게 될까요? 전자파로 인해 벌들이 사라지고 있다고 합니다. 아이슈타인 Albert Einstein 은 "벌이 지구에서 사라지면 인간이 살 날은 4년밖에 남지 않게 될 것"이라고 했습니다. 그런데도 인간은 독식해야 직성이 풀리는지 농약 치고 물대포 쏘고 단식투쟁하는 사람 앞에서 한 상 거하게 차려 먹으며 야단입니다. 권력이나 돈도 농약만큼 독한 것이지요. 사실 도덕이니 정의니 거창하게 주장할 것이 없습니다. 상식선에서 맞으면 하고 그르면 안 하면 됩니다. 그런데 자기 배부터 채우려니 이말 저

말 하는 것입니다. 중요한 것은 말이 아니라 결과입니다.

입만 열면 '국민 국민' 하지만 국민의 절반 이상을 비정규직으로 내몰았습니다. 최저임금도 눈곱만큼 인상했어요. 그것도 모자라 '노동개혁'을 외치며 해고를 쉽게 하는 법안을 통과시키려고 총력을 다하고 있습니다. 국민의 입장이 아니라 기업의 대변자 노릇하느라 정신이 없어요. '무노동 무임금'이면 '동일 노동에는 동일 임금'을 지불해야 합니다. 오른쪽 바퀴 생산하는 사람과 왼쪽 바퀴 생산하는 사람이 같은 임금을 받아야지요. 이게 수학의 동류항 묶기예요. 초등학교 수준도 안 되는 사람들이 정치를 하니 이런 모순된 논리를 펴는 것입니다. 조금만 살펴보면 너무나 당연한 일이라는 사실을 알게 됩니다. 나를 위하고 우리를 살리고 모두를 행복하게 하는 일이면 그냥 하면 됩니다. 거룩하게 플래카드 걸고 사진 찍고 기자 대동하고 할 일 아닙니다.

경제가 중심이 아니라 사람이 중심이 되어야 하지 않을까요. 영화 〈곡성〉에서 아역 배우가 "뭐시 중헌디?"라고 했습니다. 누구를 위한 수익성인지, 누구를 위한 안보인지 돌아봐야 합니다. 무엇이 중요합니까?

대한민국은 민주주의 공화국입니다. 북한은? 공산주의! 아닙니다. 북한은 인민민주주의 공화국입니다. 대한민국은 자본주의, 북한은 공산주의가 동류항입니다. x는 x대로 y는 y대로 묶어야 말이 됩니다.

인간성 없는 과학

원자폭탄 개발에 참여한 과학자들이 히로시마에 폭탄이 투하되고 나서야 정신이 번쩍 들었다고 합니다. 당시 일본 해군력과 공군력이 전멸된 상태여서 미국이 원자폭탄을 투하할 이유가 없었다고 합니다. 단순히 정치적 판단으로 폭탄을 투하한 것입니다(과학 자체보다 그것을 사용하는 사람의 문제입니다).

같은 물이지만 소가 마시면 우유를, 뱀이 마시면 독을 만듭니다. 강도의 칼은 사람을 죽이고 의사의 칼은 사람을 살립니다. 자본과 과학도 마찬가지입니다. 작은 은행(미소금융)은 사람을 위해 존재하지만 시중 은행은 수익을 위해 존재합니다(이슬람의 은행은 개인에게 이자를 받지 않고 담보도 설정하지 않습니다). "본인 확인 없이, 신용등급 확인 없이 전화번호만으로 돈을 빌려드립니다"라는 광고는 (합법적인) 고리대금업자를 연상시킵니다.

이세돌과 알파고의 대결로 인공지능이 화두입니다. 현대 과학의 선두에 인공지능이 있습니다. 인공지능이 경비와 주차는 물론 운전도 하고 신문 기사를 작성하고 소설도 쓴다고 합니다. 지금까지 인공지능은 생산직이나 단순노동에만 투여되었으나 이제 서비스업까지 떠어들 태세입니다. 드론^{drone}이 일반화되면 택배 시장이 무너지고 무인자동차의 상용화는 기사들을 거리로 내몰 것입니다. 호기심 어린 눈으로 바라보지만 무언가 섬뜩함이 있습니다.

생산성 향상이라는 무소불위의 가치 앞에서 인간은 한없이 초라해집니다. 한동안 삼성그룹에서 인재 경영을 주장했지요. "아무도 2등을 기억하지 않는다"는 광고도 했고요. "한 사람이 10만 명을 먹여 살린다"는 환상을 보여 주면서 꿈의 신기술이 예찬됩니다. 그러나 현재와 같은 구조라면, 한 사람만 고용되고 10만 명은 해고됩니다. 그 한 사람의 노동을 로봇이 대체한다면, 그런데 그 로봇이 시장에서 물건을 구매하지 않는다면 자본주의 시스템은 붕괴됩니다. 생산효율성이 높아질수록 생산에 참여하는 고용소득의 분배만으로는 경제가 돌아가지 못하게 됩니다.

과학은 인류에게 희망을 주기보다는 공포의 대상이 되었습니다. 과학은 자본과 한몸이 되어 무한질주를 하고 있고, 그 혜택을 누려야 할 인간은 한없이 소외되고 있습니다.

핵무기를 비롯한 대량살상무기가 지구상의 모든 생명체를 위협하고 있습니다. 수익성이라는 신앙에 매몰되어 유전자조작 식품으로 질병을 촉발하고 화학비료와 농약으로 대지를 질식시킵니다. 고분자화합물, 전자파, 오염물질 등으로 생태계 자체가 위기입니다. 이 모든 것이 과학의 이름으로 자행되고 있습니다. 순수과학은 신자유주의 금융경제학이라는 과학 이론에 포획되어 있습니다.

_신영복의 《담론》

핵무기도 사라져야 하지만, 누가 어떤 목적으로 핵무기를 사고파는지가 더 중요하지 않을까요? 수요 없이 생산이 있을 수 없습니다.

희생 없는 신앙

어느 조직이나 초창기에 그 조직이 착근(着根)할 때까지 창업자들은 희생과 봉사를 합니다. 종교도 마찬가지입니다. 수도 없는 순교로 꽃을 피웁니다. 그러다 세월이 흘러 기득권 세력이 되면 여지없이 타락합니다. 고려 말 민중을 외면한 불교는 조선시대에 혹독한 탄압을 받았고, 인류 문명의 암흑기로 불리는 중세 교회권력은 현대 서양 사회에서 외면받고 있습니다. 마르크스Karl Marx는 종교를 아편에 비유했습니다. 현대 사회에서 종교의 타락은 극에 달하고 있습니다.

종교 사상은 일단 뒤로 미루고 종교 현상을 살펴보겠습

니다. 종교는 사회적 약자에게 물질적·정신적으로 의지처가 되어야 합니다. 그들에게 온기를 불어넣어야 합니다. 그러나 현대의 종교는 봉사와 사랑을 앞세우지만 음지를 외면하고 양지에서 몸집 키우기에 여념이 없습니다.

종교는 선(善)을 표방하지만 본질적으로 악(惡)을 먹고 삽니다. 악이 없으면 종교는 설 자리가 없습니다. 그래서 종교는 악(심판, 업)을 매개로 대중을 협박합니다. 종교 단체는 이익 결사체입니다. 교세 확장을 위해서는 권력과의 야합도 서슴지 않습니다. 정치나 경제의 타락보다 종교의 세속화는 대중의 절망을 더욱 심화시킵니다. 우리 사회의 신뢰지수를 한없이 떨어트립니다. 성직자와 수행자들의 타락상을 보면, 그들은 신을 믿지 않거나 인과를 알지 못함이 분명합니다.

선과 악은 상대적 개념입니다. 선 없이 악이 존재할 수 없고 악 없이 선을 말할 수 없습니다. 물체 없는 그림자 없고 소리 없는 메아리가 있을 수 없습니다. 마치 밤과 낮이 서로를 규정하고 있는 것과 같습니다. 유사 이래 종교와 정치는 인간의 의식을 분열시켜 깨어 있지 못하게 합니다. 근본 치료는 외면하고 진통제를 줍니다. 대중의 각성은 사이비 종교(대중의 욕망을 부채질해 교세 확장에 급급한 상업적 종교 조직은 사이비 종교로 봐야 합니다. 자신의 욕망만 충족되면 그만이라는 신도들의 집단 이기주의도 타락한 종교의 한 축입니다.) 사업자들에게는 재앙과 같은 일이기 때문입니다.

복지 수준이 높은 나라에서는 종교 인구 비율이 낮습니다. 가난한 나라일수록 종교 인구비가 높습니다(OECD 국가 중 종교 인구비가 비정상적으로 높은 나라는 한국과 미국입니다. 전문가들은 그 원인을 미국과 한국 사회의 불합리한 시스템에서 찾습니다). 정상적 방법으로 삶을 개척할 길이 없으니 절대자에게 복을 구걸합니다. 사실 인간이 만들어 놓은 시스템대로 결과가 나오는 것이지 신에게 기도한다고 다른 결과가 나올 리가 없습니다. 신은 뇌물을 받고 청탁(안 되는 일을 해 달라고 부탁하거나 불법적인 일이 되도록 부탁하는 일)을 해결해 주는 흥신소 장이 아닙니다. 뇌물을 받고 '안 되는 일을 되게 해 준다'면 사회 정의가 설 수 없습니다. 서울대 합격을 기원하는 수험생 모두가 서울대에 합격할 수 없습니다. 제도를 만드는 사람의 욕망지수나 편견지수, 분노지수를 낮추도록 마음을 맑게 하는 것(욕망을 조절하는 것)이 근원적이고 장기적인 해결책입니다. 이것이 종교의 역할입니다. 천재지변이나 전쟁과 같은 극단적 상황에서의 기도는 신앙심의 발로로 이해할 수 있지만, '모두가 부자 되고, 권력을 쟁취하고, 학업을 성취하게 해 준다'고 욕망을 부추기는 것은 저급한 샤머니즘과 다르지 않습니다. 만병통치의 아스피린을 파는 종교는 원시 사회에서나 가능합니다. 같은 종교를 가진 사람이라고 검증하지도 않고 표를 몰아 주어야 '축복된 나라'가 된다고 설교하는 것은 곤란합니다. 또 다른 십자군입니다.

교단의 몸집을 키우면 몸집 유지비용이 증가합니다. 자금이 사회로 환원되지 않습니다. 소박하고 간결해야 합니다. 국민소득 2만 불이 넘는 사회의 종교는 욕망을 부추기기보다 욕망을 다스리는 내용으로 채워져야 합니다. 입으로는 영생을 노래하고 마음으로는(손으로는) 황금을 숭배하면 천박하기 그지없습니다. 종교가 사회 수준을 따라가지 못하면 코미디가 됩니다. 물질은 사회로 돌리고 공존지수를 높이고 욕망을 다스리도록 해야 합니다. 종교의 타락은 인간 사회에 대한 마지막 신뢰를 무너트립니다.

간디의 7대 사회악으로 우리 사회를 비추어 보았습니다. 부정적인 면에만 초점을 맞추었나 싶어 마음이 무겁습니다. 건강을 위해서는 보약 먹는 것 못지않게 정크 푸드를 삼가는 것이 더 직접적입니다. 즐거움을 채워 행복을 추구할 수도 있지만 괴로움을 제거하는 것이 우선입니다. 깊은 상처의 치료는 진통제보다 뿌리를 제거해야 합니다. 상처를 드러내는 것이 힘겹지만 한 번은 거쳐야 합니다. 상처를 드러내는 용기, 문제의 본질에 맞서는 용기부터 시작해 새로운 출발을 해야 합니다.

PART 2

관계: 세계와 나

불가능한 꿈을 품은 리얼리스트

희망이란

_루쉰(魯迅)

희망이란

본래 있다고도 할 수 없고

없다고도 할 수 없다

그것은 마치 땅 위의 길과 같은 것이다

본래가 땅 위에는 길이 없었다

걸어가는 사람이 많아지면

그것이 곧 길이 되는 것이다.

1장에서는 현실을 살펴보았습니다. 2장에서는 상처를 어떻게 극복할 수 있을지 알아 보겠습니다. 단 경제적 측면만 다루겠습니다. 플랫폼 비즈니스 모델로 경제적 자유를 어떻게 성취할지 알아 보겠습니다.

리얼리스트는 사물을 있는 그대로 직시합니다. 두려움에 사로잡히거나 욕망에 불타는 눈동자로 바라보지 않고 있는 그대로 봅니다. 정견(正見)으로 자유로(自由路)가 열립니다.

체 게바라Che Guevara는 "우리 모두 리얼리스트가 되자. 그러나 가슴 속에 불가능한 꿈을 하나씩 가지자"라고 했습니다.

문제는
통제력입니다

자신의 인생을 자기[自]만의 이유[由]를 가지고 사는 사람을 자유인(自由人)이라고 합니다. 자유는 거저 얻어지지 않습니다. 인류 역사상 기득권층이 스스로 기득권을 포기한 적이 한 번도 없습니다.

자(資)가 본(本)이 되는 사회에서 통제력을 가질 수 있는지 없는지는 돈(자본)이 얼마나 있느냐에 달렸습니다. 간단히 말하면 소득과 소비의 관계입니다. 소득보다 소비가 많은가, 소비보다 소득이 많은가의 문제입니다. 버는 돈(소득)이

쓰는 돈(소비, 지출)보다 적으면 삶이 갑갑하고, 버는 돈이 쓰는 돈보다 많으면 통제력을 가질 수 있습니다.

도표를 보겠습니다.

한 달을 일하고 받는 최저임금이 126만 원이고 도시 1인 가구 월 지출액이 188만 원입니다. 비정규직이 노동자의 절반을 넘습니다. 밥 먹을 시간도 없이 일을 해도 기본적 삶이 불가능한 사회입니다.

소득과 지출의 세부내역을 살펴보겠습니다.

평균적인 한국인의 소득은 월급이 소득의 전부이고 지출은 표보다 많으면 많지 적지 않을 것입니다.

인생의 어느 시기까지는 소득이 증가하겠지만 은퇴나 이

직 등을 거치며 소득곡선이 꺾이면 어떻게 될까요? 지출할 돈(자녀들이 성장하고 부모님이 연로하시며)은 빛의 속도로 늘어납니다. 필요에 따라 소득 증가가 가능할까요?

소득 증가가 용이하지 않다면 지출을 줄여야 합니다. 지

	소득	소비
규칙적	월급 임대 수입 금융이자 주식 배당금	아파트 관리비 주택 구입 대출이자 자동차 유지비 차량 구입 대출이자 각종 공과금(주민세, 전기세 상하수도세, 국민의료보험, 국민 연금 등) 및 각종 간접세 4인 가족 통신비 주·부식비 외식비 교통비 카드 수수료 각종 보험금 아이들 용돈 부모님 생활비 생필품 구입비 자녀 학비 각종 사교육비 각종 이자
불규칙적	유산	병원비 각종 경조사비

출을 줄인다면 어떤 항목을, 얼마나 줄일 수 있을까요? 지출은 앞으로 5년, 10년, 20년, 30년, 40년 후에도 지속적으로 해야 하는데 소득은 언제까지 유지될까요? 근로소득자는 영원히 이 덫에서 빠져나오지 못하게 설계되어 있는 것은 아닐까요?

	소득 〉지출	소득 〈 지출
수입의 속성	자산소득	근로소득
	파이프라인 소득	파이프라인 지출

더 벌든지 덜 쓰든지

경제문제는 더 벌거나 덜 쓰는 것으로 해결할 수 있습니다. 기업도 매출을 올리거나 지출을 줄여야 합니다. 기업의 매출 증가는 소비자의 소비 증가를 의미하고, 기업의 지출 축소(감원 및 연구개발비 감축)는 서민의 소득 감소로 연결됩니다. 경제구조상 기업이 '갑'입니다. 자본주의가 승자독식일 수밖에 없는 이유일까요?

파이프라인은 자산소득을 뜻하고 물통이 소득은 근로소득을 뜻합니다. 자산소득이 있어야 자유인입니다. 대중은 파이프라인 소득(자산소득)은 없고 파이프라인 지출만 있습니다. (언젠가는 직장의 문을 나와야 합니다. 직장에서 밀려나기도 하지만 업종 전체가 사라지기도 합니다.)

월급이 입금되기 무섭게 세금, 이자, 공과금, 카드사, 은행, 보험사, 학교, 건설 회사, 자동차 회사, 연금 등 통장에 연결된 파이프라인으로 돈이 빠져나갑니다. 카드사, 마트, 은행, 보험, 학원, 건설 회사, 학교, 병원, 자동차 회사라고 쓰고 대기업이라고 읽으면 됩니다. 그들은 정해진 날짜와 시간에 내 통장을 열고 돈을 가져갑니다.

시스템이 소득보다 지출이 많게 설계되어 있다면, 영원히 이 경주에서 벗어날 수 없다면 어떻게 해야 할까요? 절약해서 되는 문제가 아니라 시스템적으로 지출이 소비보다 크도록 구성된 것이 신자유주의입니다. 우리는 덫에 빠진 것입니다.

2050년 한국인의 평균나이는 57세입니다. 비노동 인구의

국가는 좋겠다?

태어났더니 ·· 주민세

살았을 때 줬더니 ·································· 증여세

죽었더니 ·· 상속세

피땀 흘려 노동했더니 ·························· 갑근세

힘들어서 한 대 물었더니 ···················· 담배세

퇴근하고 한잔 했더니 ·························· 주류세

아끼고 저축했더니 ······························ 재산세

북한 때문에 불안했더니 ······················ 방위세

황당하게 술에 왜 붙니? ······················ 교육세

화상품에 뜬금없이 왜 붙니? ················ 농어촌세

월급 받고 살아 보려니 ························ 소득세

상사하려고 차 샀더니 ·························· 취득세

차량번호 다니 ···································· 등록세

월급쟁이 못해 회사 차렸더니 ·············· 취득세

껌 하나 샀더니 ·································· 소비세

집에서 가만히 쉬었더니 ············ 전기세, 수도세

전기 많이 썼더니 ································ 누진세

배 좀 아파 똥 좀 눴더니 ···················· 환경세

좀 있는 놈은 ···································· 탈세

이래저래 죽어나는 건 ························ 날세

인구분포가 높아지는 것입니다. 100세 시대의 문이 활짝 열렸습니다. 평균수명은 늘었지만 건강수명, 문화수명은 형편없습니다. 경제적 준비 없이 미래를 맞아야 하는 노인들(재앙입니다.), 홀로 생존도 버거운데 노인들까지 책임져야 하는 젊은이들. 초고령화 사회로 급속히 진입하는 한국 사회는 답이 없어 보입니다. 청년들의 일자리도 없는데 인공지능이 일자리를 대체해 비생산 인구는 계속 증가합니다.

　1퍼센트를 위한 정형화된 틀이 신자유주의입니다. 이런 처방을 누가 어떤 이유로 만들었을까요? 대중은 어떻게 이런 처방전을 무비판적으로 받아들일까요? 이상한 나라의 이상한 약입니다(통증을 잊게 만드는 약을 진통제라 합니다).

시스템 기능

시스템이 얼마나 중요한지 알아 보겠습니다. 1990년대 들어서며 미국의 모든 범죄가 감소하기 시작합니다. 이유가 뭘까요? 다양한 연구 끝에 내린 결론은, 1970년대에 미국의 여러 주에서 "합법적으로 낙태를 허용했기 때문"이라고 합니다. 낙태가 불법일 때는 미혼모와 결손가정이 속출했습니다. 그런데 낙태를 허용하고 20년이 지나자 미혼모와 결손가정 아이들이 줄어들어, 그 결과 범죄가 줄었다는 것입니다. 시스템의 작용입니다.

북유럽의 교도소는 특급 호텔보다 안락합니다. 교도소 안에 영화관과 도서관, 레스토랑 등의 문화 시설이 구비되어 있고, 성적 문제도 합법적으로 허용됩니다. 담이 없고 이동이 자유로운 교도소도 있습니다. 죄수가 농사를 지어 저축을 합니다. 공짜로 먹고 자면서 문화생활도 하고 돈도 모을 수 있으니 범죄율이 증가할 것 같지만 그렇지 않습니다. 복지제도가 안정되어 있으니까요. 사람은 빵만으로 살 수 없습니다. 개인 문제보다 시스템의 힘이 크게 작용했다고 볼 수 있습니다.

02
고개를
들어야 합니다

99퍼센트의 삶이 불행한 불합리한 구조가 어떻게 유지될 까요? 낙망한 99명은 무슨 생각을 하고 있을까요? 유가(儒家)에서는 생명과 토지가 모두 국왕 소유입니다. 유교 텍스트는 이런 가치를 세뇌하지요. 과거시험도 유교 텍스트입니다 (과거는 인재를 뽑는 시험이 아니고 체제 유지에 적합한 행정관료를 선발하는 시험입니다).

유교 국가가 국왕 중심의 시스템이듯 자본주의 국가는 자본 중심(인간 중심이 아닙니다)의 시스템입니다. 기존 시스템을 정의로 받아들이도록 세뇌시키는 곳이 학교(서당)입니다. 일정 규모 이상의 조직은 주먹구구식으로 돌아가지 않습니다. (시스템에 대한) 대중의 납득 없이 유지될 수 없기 때문입니다.

사람들은 주위 사람들과 비교하며 행복과 불행을 가늠합니다. 20평대 주택에 살아도 주위 사람들이 모두 10평대 아파트에 살면 상대적으로 행복하고, 50평대 주택에 살아도 지인들이 70평대 주택에 살면 불행해합니다.

마취 상태

집값도 오르고, 적금도 타고, 수익을 내기도 합니다. 차 없는 사람 없고, 아파트 평수도 늘어납니다. 아날로그 제품이 디지털 제품으로 바뀌고 과거엔 없던 정수기와 공기청정기, 비데와 온갖 기능성 화장품과 성형에 이르기까지 예전에는 생각하지도 못했던 물품과 서비스가 넘칩니다. 생활이 고급스러워졌다고 해야 할까요? 하지만 돌아보면 겨우겨우 살아온 것에 불과합니다. 매달 할부금을 갚아야 하고 온갖 제품의 유지비를 벌어야 합니다.

치맥을 먹고, 1년에 한 번 휴가를 즐기며, 박피하고 다이어트하며 일상의 고단함을 순간순간 잊고 사는 것입니다.

이리저리 둘러봐도 99명의 또래집단만 있으니, '나만 힘든 게 아니다' '인생이 다 그런 거다' '요즘 경기가 말이 아니다' '세계 경제가 모두 불황이라더라, 우리만의 문제가 아니라더라' 하며 상대적 안도감을 갖고 살아갑니다. 신자유주의 승자독식구조가 공고화되어 '기회'마저 없습니다. 경기가 어려운 게 아니라 1 대 99의 시스템이 고착화되어 기회가 사라진 것입니다. 고개를 조금만 돌리면 전혀 다른 세상이 있고 생각을 조금만 바꾸면 다른 시스템을 구축할 수 있지만, 그만큼의 여유도 없이 살아갑니다. 세상을 돌아보고 생각을 깊게 하지 못하도록 하는 다양한 장치가 있습니다. 조금의 여유도 없이 살아갈 수밖에 없기에 이런 시스템이 돌아가는 것입니다.

안목을 키워야 합니다. 여행은 후진국, 유학은 선진국이라지요. 역사를 통찰하고 인생을 성찰해야 합니다. 통찰과 성찰이 없으면 현찰만 쫓게 됩니다.

기진맥진

죽기 살기로 가파른 벼랑을 기어오르느라 기진맥진한 삶이
현대인입니다. 죽을 힘을 다해 벼랑을 기어오르지만 누군가
허리에 끈을 묶어 밑에서 당기는 것이 신자유주의입니다.
99명은 오늘도 가파른 벼랑을 오릅니다.

기진맥진

03 노동소득 vs 자산소득

얼마 전 지구촌을 들썩였던 경제학자 토마 피케티Thomas Piketty의 학설은 간단합니다. 노동수익의 성장곡선이 금융수익의 성장곡선을 앞지를 수 없다. 즉 '돈으로 돈 버는 것이 노동으로 돈 버는 것보다 빠르다'는 것입니다. 이 격차는 구조적으로 회복될 수 없다는 것이지요. 돈 있는 사람이 이기고 돈 없는 사람은 진다는 아주 간명한 법칙입니다.

인간성이나 학식이 아니라 돈이 힘입니다. 학교에서는 성적으로 줄을 세우지만 졸업 후에는 오직 통장 잔고로 결정됩니다. 자본은 자본을 낳아 더 큰 자본이 되고, 더 큰 자본은 더 큰 자본을 낳는 식이지요. 노동력만 가지고 출발선에 선 사람은 승부를 뒤집을 가능성이 점점 희박해지는 겁니다. 20퍼센트가 분점했던 자본이 1퍼센트에 몰리는 현상은 지극히 자연스러운 과정인지도 모릅니다.

시스템의 전면적(혁명적) 개선이 없다면 자산소득(인세소득)을 가져야 합니다.

열심히 사는 것 못지않게 고개를 들어 어떤 길을 걸어왔는지, 어디로 가고 있는지 살펴봐야 합니다. 함께 연대하고 지속가능한 모델을 찾아야 합니다.

사회적 저항이 클수록 의미 있는 변화가 암시됩니다. 최초의 프랜차이즈인 맥도날드도 기득권층에게 마피아로 고발당했습니다. 조그만 것이라도 가지고 있던 것을 잃어버리면 속상해하지만, 가질 수 있었던 것을 갖지 못하는 것은 아까운지도 모르는 것이 대중입니다.

플랫폼 비즈니스 04

자산은 인세의 속성을 가지고 있습니다(종교나 국가의 소득을 생각하면 됩니다). 자산소득은 숨만 쉬어도 들어오는 소득입니다. 반대로 근로소득자는 숨만 쉬고 있어도 돈이 빠져나갑니다. 자산소득은 한 번 파이프라인을 깔아 놓으면 지속적 소득이 창출됩니다. 건물주나 특허 소득자, 가수나 작가가 받는 소득입니다. 부자의 소득은 자산소득이고 빈자의 소득은 근로소득입니다.

근로소득은 언젠가 끊기는 날이 옵니다. 당장 소득이 떨어지면 얼마 동안 견딜 수 있는지가 나의 경제 성적표입니다.

그때 자산소득이 필요합니다.

플랫폼 비즈니스는 사용자와 가맹점을 연결하고 수수료를 받는 카드사와 같은 개념입니다. 플랫폼 비즈니스의 원조 격인 우버UBER는 세계에서 가장 큰 택시회사입니다. 그러나 우버는 소유한 종업원이 한 명도 없고 소유한 택시도 없습니다. 단지 택시를 소유한 사람과 택시를 타고자 하는 사람을 연결하는 플랫폼을 만들었을 뿐입니다. (우버라는 모델에 감탄하는 사이에 직업이 소멸했습니다. 우버 이전에는 택시회사가 기사를 고용했습니다. 노동력만 가지고 취업을 할 수 있었습니다. 하지만 우버 모델이 나오자 고용된 기사는 사라지고 자신의 차로 파트

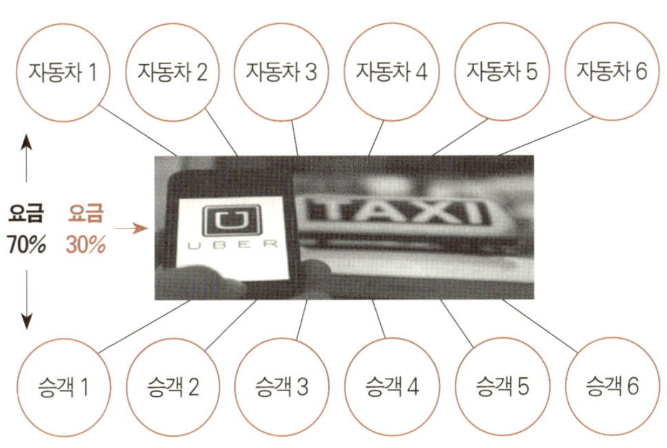

너가 되는 자영업자만 남았습니다. 기술발달이 일자리 소멸로 이어진 것입니다).

우버는 설립 5년 만에 기업가치가 50조 원에 달합니다. 자동차를 가지고 있는 사람과 자동차가 필요한 사람이 모이는 운동장을 만든 것입니다. 필요한 사람끼리 연결하는 것입니다. 승차 요금의 30퍼센트가 우버의 몫입니다. 필요로 하는 사람들을 연결하고 공유하는 플랫폼을 만들어 거래가 성사되면 수수료를 받습니다.

'배달의민족'도 플랫폼 비즈니스입니다. 배달의민족은 한국에서 가장 큰 음식점입니다. 그러나 식당 하나 없고 종업원도 없습니다. 설립 4년 만에 기업가치가 2조 원에 달합니다. 음식을 먹고 싶은 사람과 (정보가 공유된 공간에서 검증된) 음식점을 연결하는 플랫폼입니다. 연결지수가 높으면 배달의민족 소득이 증가합니다. '쿠팡'도 플랫폼 비즈니스입니다.

요즘 가장 관심을 많이 받는 '카카오'를 볼까요. 카카오는 2015년 10월 자산가치가 7.5조 원입니다. 한국인이 가장 애용하는 플랫폼인 카카오는 직접 생산하는 제품이 하나도 없

중국집
피자집
치킨집
족발집
보쌈집
밥집
주문액 70%
주문액 30%
배달의 민족
고객 1
고객 2
고객 3
고객 4
고객 5
고객 6
KAKAO 택배
카카오 대리운전
간편 호출 안심 탑승
믿고 부르는 카카오택시
KakaoTaxi
TALK
KAKAO 뱅크
카카오페이 가입자 50만명 돌파
KakaoPay
다양한 서비스 제공
다양한 서비스 제공

습니다. 무료문자 서비스인 카카오톡으로 시작한 카카오는 사람들이 플랫폼에 모이자 택시, 대리운전, 택배, 농작물, 은행, 결제 시스템까지 영역을 확대하고 있습니다. 공급자와 소비자를 연결하는 것입니다. 거래가 성립될 때마다 카카오는 수수료를 받습니다.

여행지에서 숙소가 필요한 사람과 숙소를 소유한 사람을 연결하는 '에어비엔비'airbnb도 연결과 공유를 기본 콘셉트로 하고 있습니다. 나라간 환율 차이를 공유해 송금 수수료를 절약해 주는 플랫폼도 있고, 강의를 연결하고 공유하는 플랫폼도 있습니다.

부(富)가 이동하고 있습니다. 농경 사회에서는 토지가, 산업 사회에서는 공장이, 정보 사회에서는 정보가 부의 원천입니다. 플랫폼을 소유하면 파이프라인을 소유하는 것입니다. 유능한 사냥꾼은 맹수의 뒤를 쫓지 않고 길목을 지킵니다. 미래에는 누구나 (본인의 의지와 관계없이) 플랫폼에 참여하든지 플랫폼을 사용하든지 플랫폼을 소유하든지, 어딘가에 있게 됩니다. 시대의 트렌드인 플랫폼 비즈니스로 길목을 지키는 것은 자산소득을 만드는 것입니다.

세계 경제의 얼굴이던 모토로라, 코닥, 노키아, 소니가 저물고 구글, 애플, 페이스북, 아마존의 GAPA 경제가 성장하고 있습니다.

GAPA의 시가 총액이 2008년 855조 원에서 2015년 1852조 원으로 성장했습니다.

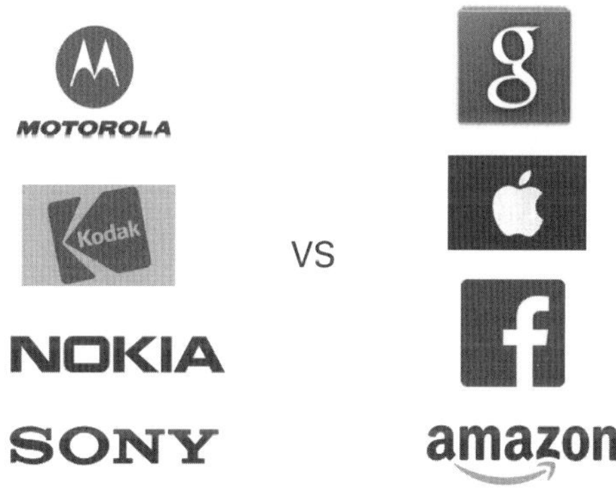

글로벌 기업 간의 부의 이동만이 아니라 개인들도 플랫폼 비즈니스로 부를 창출할 수 있습니다. 플랫폼 비즈니스라 쓰고 '기회'라고 읽습니다.

플랫폼에 참여하시겠습니까? 플랫폼을 이용하시겠습니

까? 플랫폼을 소유하시겠습니까? 회원직접판매를 한다는 것은 자신의 플랫폼을 여는 것을 의미합니다.

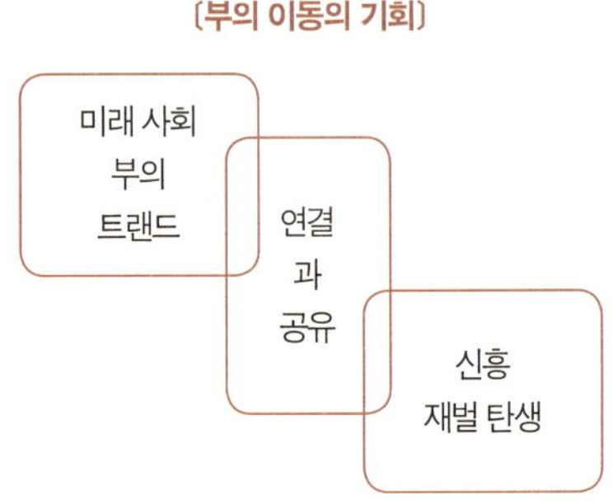

회원직접판매(플랫폼) 비지니스(네트워크 마케팅)는 생필품을 기반으로 해야 합니다(유통하는 제품의 가성비가 좋아야 하고 환경 제품이면 금상첨화입니다). 생필품은 누구나, 언제나 소비합니다. 파는 것이 아니라 팔립니다. 상대는 어차피 어디에선가 생필품을 구매할 것입니다. 상대가 필요한 제품을 플랫폼에서 제공합니다. 제품에 대한 정보를 제공하는 것이 회원직접판매 사업자가 하는 일입니다.

사람들은 (생필품을) 구매하기 위해 지갑을 열 준비를 하고 있습니다. 정보와 사용 경험을 나누는 것입니다. 새로운 소비자들과 플랫폼에서 자신의 경험을 공유합니다. 플랫폼은

생물처럼 성장합니다. 생필품의 힘은 상상을 초월합니다.

외식을 안 할 수도 있고(배달의민족을 이용하지 않을 수도 있고) 택시를 안 탈 수도 있지만(카카오 택시를 타지 않을 수도 있지만), 누구나 이 닦고 세수하고 빨래하고 화장합니다. 많은 사람들이 건강보조식품을 먹고 깨끗한 물을 마시려고 합니다. (정수기와 공기청정기, 건강보조식품의 시장은 날로 성장하고 있습니다.) 그러므로 나의 플랫폼에 홈 케어와 퍼스널 케어를 기본으로 건강보조식품, 화장품, 기타 생활용품을 구비하면 됩니다.

창고도 없고 종업원도 없으며 근무시간도 정해져 있지 않습니다. 플랫폼을 설치해 열어 놓고 미용, 다이어트, 건강, 깨끗한 물, 맑은 공기, 건강 요리, 환경제품 등과 자산소득이 필요한 (관심 있는) 사람들을 연결하면 됩니다. 필요에 따라 연결되고 거래가 성사되면 소득이 발생합니다. 상품경쟁력이 있으면 사람들은 저절로 모여듭니다. 잠자는 시간에도 나의 플랫폼에서 거래가 이루어집니다. 거리의 장애도 없으며 국제 비즈니스도 가능합니다. 거래 가격의 35퍼센트는 파이프라인을 따라 내 통장에 입금됩니다.

회원직접판매는 시대의 트렌드입니다. 출발(1959년)은 오프라인 기반이지만 인터넷 기반 비즈니스를 지나 모바일 기반 비즈니스가 되었으며 인공지능 기반 플랫폼으로 진화할 것입니다. 지금 가상현실을 기반으로 한 플랫폼으로 진화하는 과정입니다(유튜브에서 구글 홈을 검색해 보세요).

소비가 자신이 됩니다

현명한 소비는 절약이 아니라 자산소득이 됩니다. 근로(일)는 제한적이지만 소비는 지속적입니다.

일(소득) = 소비 + 저축

미래의 비즈니스는 Z세대가 중심이 될 것입니다. 앞 세대가 씨를 뿌리고 가꾸어 놓으면 대를 이어 열매를 수확할 것입니다(회원직접판매사는 상속이 됩니다. 이미 상속된 예도 있으니 확인하고 선택하는 것도 바람직합니다).

월마트로 대변되는 베이비부머(1950-1960년대 생), 코스트코로 대변되는 X세대(1965-1970년대 생), 아마존으로 대변되는 밀레니엄 세대(1980-1990년대 생)를 지나 이제는 Z세대 시대입니다. Z세대는 이미지로 소통하는 세대입니다.

밀레니엄 세대	Z세대
한 번에 두 개의 스크린을 확인 (PC, 스마트폰).	테크 속에서 태어난 세대. 한 번에 다섯 개의 스크린을 확인(PC, 스마트폰, 태블릿, TV, 웨어러블).
글로 소통하는 세대.	이미지로 소통하는 세대.
큐레이팅가 공유하는 세대.	콘텐츠를 직접 생산하는 세대.

Z세대의 소비 트렌드는 좋은 품질의 제품을 합리적인 가격에 구입하는데(이것은 기본입니다) 그치지 않고 가치를 소비하며 구매 경험과 소비 경험을 공유합니다.

백화점에서는 Z세대를 찾을 수 없다. 이들은 브랜드의 스토리가 있고 진정성을 가진 브랜드를 선호한다. 백화점에는 비슷비슷한 상품들이 진열돼 있고 차별성이 없으니 찾지 않는다.

_트렌드 분석 회사 스타일러스, 2015년 《패션비즈》 12월호.

Z세대는 나이키보다 탐스 슈즈를 선호합니다. 탐스에는 사회적 가치가 있기 때문입니다. 탐스는 신발 한 켤레가 팔리면 빈곤국 어린이에게 한 켤레를 기부합니다. 커피 한 봉지를 팔면 개발도상국 주민 한 명에게 일주일치 식수를 제공합니다. 또 가방 하나를 팔면 개발도상국의 안전한 출산을 위해 거즈와 탯줄 절단기의 위생키트를 지원합니다.

사회적 기업은 스토리가 있습니다. 기업의 수익과 나눔이 함께 성장합니다. 감동적인 스토리가 있습니다. 연결과 공유로 가치를 나누고 세상을 밝게 합니다.

주목할 것은 소비자들이 탐스 같은 기업을 단순히 좋은 기업이라고 생각하는 정도가 아니라 소비를 늘리고 있다는 것입니다. 특히 Z세대의 등장으로 이런 현상이 두드러지고 있습니다.

Z세대는 과시용 브랜드보다 실제 세상을 더 나은 방향으로 만드는 기업의 제품에 더 적극적으로 반응하고 구매를 통해 의사를 표명한다.

_퍼스트컴퍼니, 2016년 6월 23일.

구매 경험이 공유된 '블루에이프런'blue apron은 음식 배달을 합니다. 웹 사이트에서 요리를 보고 음식을 주문하면 매주 한 끼 분량의 손질된 식재료와 조리법을 집으로 배송합니다. 가격은 평균 10달러로 12,000원 정도입니다.

조리법대로 요리하면 레스토랑 못지않은 훌륭한 요리가 됩니다. 식재료가 손질되어 배송되기에 남아서 버리는 것이 없습니다. 퇴근길에 무겁게 장을 보지 않아도 '집 밥'을 먹을 수 있습니다. 블루에이프런은 창업 4년 만에 기업가치가 2조 4000억 달러에 달합니다.

구매 경험과 가치 소비를 나누는 '워비파커'Warhy Parker는 온라인 안경 판매 사이트입니다. 소비자가 마음에 드는 안경테를 사이트에서 다섯 개 고르면 견본을 보내 줍니다. 5일간 사용 후 마음에 드는 것을 선택해서 다시 보내면 렌즈를 끼워 배송해 줍니다. 세 번의 배송 비용은 모두 워비파커가 부담하며 중간 유통비용을 없앤 가격은 평균 400달러(약 46만 원)짜리가 95달러(약 11만 원) 정도 합니다.

워비파커는 안경 한 개가 팔릴 때마다 개발도상국에 안경 한 개를 제공합니다. 또한 개도국의 빈곤층에 안경 제작에 대한 교육을 진행해 현재 35개국 1만 8000명이 와비파커의

트레이닝을 거쳐 안경업종에서 근무하고 있습니다.

사회적 가치 실현과 새로운 경험을 연결하는 뉴웨이NEW WAY
는 의류 판매 스타트업 기업입니다. 뉴웨이는 의류가 어디
서 어떤 방식으로 제작되었는지 공개하고 생산자에게 정당
한 대가를 지불하는 당당함을 소비자에게 제공합니다. 우선
옷의 원가를 공개하고 유통 마진을 최소화합니다. 예를 들
어 사이트에 공개된 기본형 라운드 넥 티셔츠를 보면 다음
과 같습니다.

원 재료비 3.1달러 + 인건비 3.5달러 + 운송비 0.2달러 + 광고 0

= 총 비용 6.7달러

판매가: 15달러(타사 50달러)

회원직접판매도 기존의 시장 접근 방식에서 벗어나야 합
니다. Z세대의 사랑을 받는 기업들은 마케팅을 거의 하지 않
거나 아예 하지 않습니다. 기업이 새로운 가치를 제공하는
것만으로 열성 팬이 되어 브랜드의 전도사를 자처합니다.

미국의 회원직접판매사인 A사는 다양한 사회공헌활동을 합니다. 제품의 품질관리가 엄격함은 기본이고, 벌목이 허용된 곳에서만 나무를 채취하고 인쇄도 콩기름을 사용합니다. 친환경성을 인정받아 남극에서 사용이 허가된 유일한 제품입니다. 또한 빈민국 영양결핍 어린이를 위해 자사 건강보조식품을 지원하고 있습니다. A사의 오너들은 회사의 소재지인 미시건 주 에이다에 어린이 전용 병원, 오페라 하우스, 체육관 등을 기부했습니다(EBS 〈세계의 부자들〉에서 방송). 감동 있는 스토리가 있는 기업일수록 각광받을 것입니다. 여러분도 플랫폼에서 감동적인 스토리를 만들 수 있습니다. 플랫폼에 모인 사람들의 스토리를 함께 만들 수 있습니다.

05 소득의 원천

제조사는 생산을 담당하며 플랫폼에서 광고와 유통을 책임집니다.

유통의 변화를 보면, 다음 그림과 같이 소비자(소비자와 사업자의 구분이 애매하기는 합니다)는 소매 마진이 아닌 광고 유통비를 찾아옵니다. 대형 방송국과 언론사, 광고회사와 모델, 유통업체(유통업체의 마진율이 제품 값의 50퍼센트가 넘습니다) 몫인 광고 유통비를 소비자가 찾아오는 것입니다. 우버나 카카오, 에어비엔비, 쿠팡, 배달의민족 등의 소득과 같은 소득입니다.

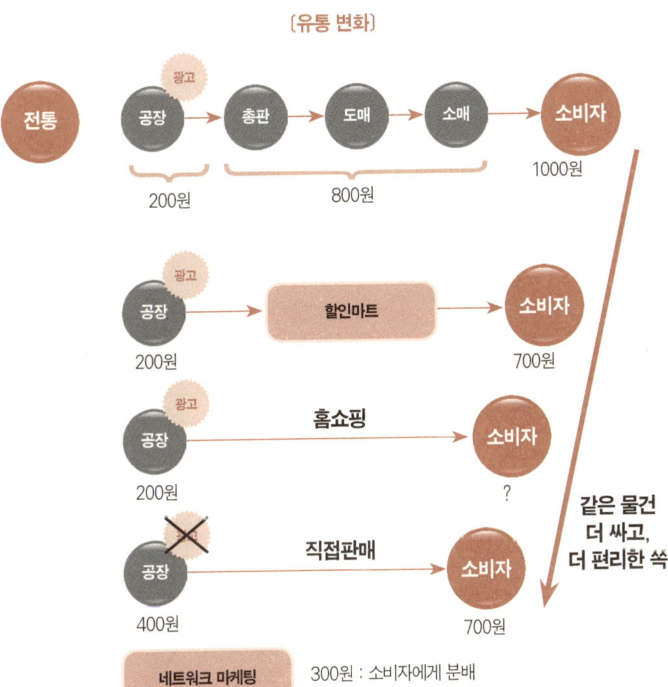

선착순이나 매출순이 아닙니다. 회원직접판매는 초기 투자비용이 없어야 합니다. 정해진 투자비용이 있으면 먼저 가입한 사람이 유리합니다. 국내법상 회원직접판매는 가입비를 받을 수 없습니다. 하지만 일부 직접판매사는 (교묘하게) 가입비를 받습니다. 가입비가 있는 경우 수익구조상 아래로 몇 단계까지만 수익이 보장됩니다(꼼꼼히 확인하셔야 합니다). 가입비가 있으면 수익이 선착순이나 매출순으로 배분됩니다. 회사 측은 초기 투자비용이 클수록 쉽게 큰돈이 된다고 회원을 모집하겠지만 피해자를 양산할 수 있습니다. 노력한 자에게 소득이 돌아가는 구조여야 합니다. 소득의 역전이 없으면 먼저 시작한 사람들을 위한 들러리에 불과하게 됩니다.

국제 후원이 가능해야 합니다. 국제 후원이 되려면 제품이 세계 시장에서 판매되어야 합니다. 애국심이나 감성에 호소해서 판매되는 것이 아닙니다. 품질이 뛰어난 생필품으로 저절로 팔리는 제품이어야 합니다. 대를 이어 애용될 만큼 품질이 좋아야 상속이 가능합니다.

물가상승률이 반영되어야 진정한 인세 소득입니다.
이런 수익구조만이 자신의 소득을 자신이 결정할 수 있습니다. 그렇지 않으면 수익에 한계가 있습니다. 오래 한다고 큰돈이 되지 않습니다. 자산소득이 되지 않음은 말할 것도 없습니다.

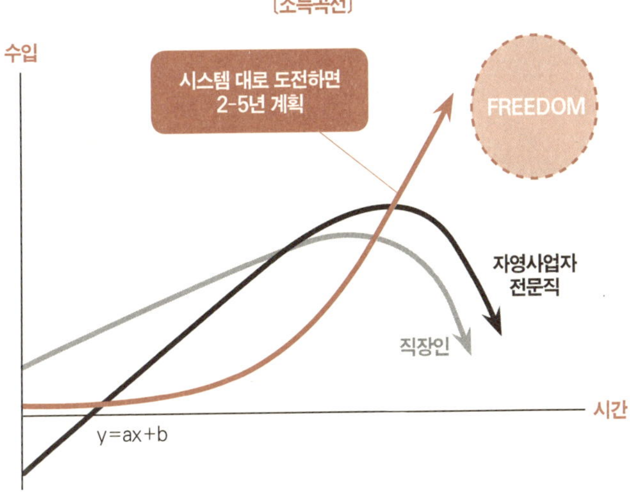

직장인은 출발할 때부터 소득이 있고, 시간이 흐르면 소득이 증가합니다. 그러다가 직장 문을 나서면 소득절벽이 옵니다. 사업가는 초기 투자비용이 들어갑니다. 소득이 클 수도 있고 손실을 크게 볼 수도 있습니다. 회원직접판매는 초기엔 거의 소득이 없다시피 합니다. 하지만 새로운 제품이 지속적으로 론칭launching되고 신규 소비자가 확장되면 소득이 지속적으로 증가합니다. 인세와 같은 소득이 발생됩니다. 소득이 빠르게 증가하는 변곡점은 학습과 행동이 조화를 이루었을 때입니다. 시스템이 몸에 붙었을 때입니다. (사업을

'얼마나 오래 했나'가 아니라 '집중도의 차이'에 따라 변곡점을 만드는 시기가 다릅니다.)

수익이 선착순이나 매출순으로 결정되면 안 됩니다. 늦게 가입하거나 매출이 작아도 기여도가 크다면 소득이 많아야 합니다.

사업 vs 장사

매출이 크고 종업원이 많아도 오너가 없으면 돌아가지 않으면 장사, 매출과 규모가 적어도 시스템이 돌아가면 사업입니다.

버는 것, 쓰는 것, 만드는 것

소비자는 돈을 쓰고, 생산자는 돈을 벌고, 프로슈머는 돈을
만듭니다.

PART 3

나: 이런 생각 저런 이야기

믿을 수도 없고
말자니 아깝고!

전쟁에서 100만의 적을 이기기보다

하나의 자기를 이기는 사람

그를 최고의 용사라 부른다.

_《법구경》

정보의 홍수입니다. 손가락 한 번으로 온 세상의 정보를 불러옵니다. 하지만 바른 정보를 감별하기 어렵습니다. 오죽하면 '진짜 참기름'이 나오겠나 싶습니다. 선도 정보를 접해도 받아들이기 쉽지 않고 실천하기는 더욱 어렵습니다. 사람들은 원심력보다 구심력이 강합니다.

법정 스님 수필집에 이런 내용이 나옵니다. 스님 처소 길목에 갈림길이 있는데, 이정표를 세워 놓았다고 합니다. 그런데 온 산을 헤매다 지치고 다친 사람이 깜깜 밤중에 스님 방문을 두드려 사연을 알아 보니, 스님 성질이 괴팍해 '사람 찾아오는 것을 싫어하리라고 짐작했다'는 것입니다. 불쑥불쑥 찾아오는 사람들을 피하고자 이정표를 거꾸로 해 놓았으리라 생각하고 '반대 방향으로 길을 잡았다'고 하더랍니다.

무자본에 출근하는 일도 아니고 학력이나 자격증, 담보도 없이 누구나 할 수 있고, 억대의 자산소득을 만들 수 있다니 믿어지지 않는 것도 당연합니다. 이정표도 믿지 못하는 세상에 이런 허무맹랑한 정보를 믿는 것이 오히려 이상한 일일지도 모릅니다. 무작정 믿고 따르기에 세상이 너무 위험하기 때문입니다. 회원직접판매는 국가가 인정하고, 세계적 석학들이 미래의 트렌드로 천명하고, 법으로 인정된 합법적인 비즈니스입니다. 유튜브에서 '회원직접판매'를 검색하면 알 수 있습니다.

망설여지거나 의심이 들 수 있습니다. 그렇다면 나의 판단이 사실(팩트)에 근거한 것인지, 느낌인지 생각해 봐야 합니다. 모두가 천동설을 확고한 진실로 믿고 있을 때 지동설이 다가왔듯, 경천동지할 정보는 믿어지지 않게 다가옵니다.

회사 선택도 중요합니다. 전문가가 아닌 이상 바른 판단을 하기가 만만치 않습니다. 처음 접하고 받아들인 정보가 중요한 역할을 합니다. 사람의 인식 체계는 처음 입력된 정보를 기준으로 그 외의 것을 판단하기 때문입니다. (종교인도 자신의 종교적 기준으로 타 종교를 판단합니다.) 어떤 회사와 첫 인연을 맺었는지 보면 그 사람이 '복이 있는지 없는지'를 알 수 있지 않을까요?

어떤 회사를 파트너로 할지 신중하게 판단해야 합니다. 처음 약속과 달리 수입구조를 변경하거나 회사가 철수하기도 합니다. 어떤 회사는 가입비만 수령하고 사라지기도 합니다.

회원직접판매사가 너무도 많습니다. 수도 없이 생기고 대다수가 1, 2년 안에 사라집니다. 사람들을 몰고 (메뚜기 떼처럼) 이 회사 저 회사를 돌아다니는 사람도 많습니다. 도대체 어떤 회사를 택해야 하고, 그 기준은 무엇일까요? (p.92 '명품과 짝퉁' 참고.)

이해는 되지만(안 할 이유는 없지만) 직접 뛰어들기는 겁이 나고, 포기하자니 상대방만 잘될까 봐 똥 싼 바지 입은 것처럼 어정쩡한 사람들이 많습니다.

세상에서 가장 일하기 힘든 사람은 가난한 사람들이다. 자유를 주면 함정이라고 얘기하고, 작은 비즈니스를 얘기하면 돈을 별로 못 번다고 얘기하고, 큰 비즈니스를 얘기하면 돈이 없다고 하고, 새로운 것을 시도하자고 하면 경험이 없다고 하고, 전통적인 비즈니스라고 하면 어렵다고 하고, 새로운 비즈니스 모델이라고 하면 다단계라고 하고, 상점을 같이 운영하자고 하면 자유가 없다고 하고, 새로운 사업을 시작하자고 하면 전문가가 없다고 한다. 그들에게는 공통점이 있다. 구글이나 포털에 물어 보기를 좋아하고 희망이 없는 친구들에게 의견 듣는 것을 좋아한다. 자신들은 대학교 교수보다 더 많은 생각을 하지만 장님보다 더 적은 일을 한다. 그들에게 물어 보라. 무엇을 할 수 있는지. 그들은 대답할 수 없다. 내 결론은 이렇다. 당신의 심장이 빨리 뛰게 하는 대신 행동을 더 빨리 하고, 그것에 대해서 생각해 보는 대신 무언가를 그냥 하라. 가난한 사람들은 공통적인 한 가지 행동 때문에 실패한다. 그들의 인생은 기다리다가 끝이 난다. 그렇다면 현재 자신에게 물어 봐라. 당신은 가난한 사람인가?

_알리바바 회장 마윈(馬雲)이 말하는 '가난한 사람들'

명품과 짝퉁

명품은 원리가 간명하게 설명되고 실천 방법이 단순합니다. 설명이 화려하고 단계가 복잡한 것은 '사기'인 경우가 많습니다. 명품은 상식적입니다. 회원직접판매의 핵심은 단순함에 있습니다. 단순한 실천을 지속하여 몸에 붙이는 사람은 자유인이 되고, 포기하면 원점으로 돌아가는 것입니다.

명품인지 아닌지를 판단하는 간단한 기준은 역사성과 합법성, 성공자 수입니다.

세월은 옥석을 구별해 줍니다. 세월 속에 많은 일이 일어납니다. 모든 것은 관계 맺으며 끊임없이 변합니다. 너도, 나도, 우리도, 세상도 변합니다(너와 나의 처지와 입장이 바뀌기도 합니다). 개인사뿐 아니라 조직이나 집단도 시간이 가면 옥석이 구별됩니다. 돈이 되고 명예가 된다 싶으면 파리 떼처럼 이 사람 저 사람 덤벼들지만 결국에는 시장논리에 의해 걸러집니다. "한 사람을 오래 속일 수 있고, 여러 사람을 잠시 속일 수는 있지만, 다수 대중을 오래 속일 수는 없다"고 했습니다.

회원직접판매사를 선택하는 것이 망설여진다면 회사의 역사를 참고하면 됩니다. 소비자가 제품의 생명력을 알게 해 줄 것이고, 법이 부당한 수입구조를 걸러 줍니다(합법성).

먼저 회원직접판매가 기회가 될 수 있는지를 생각해 보겠습니다. 상식적으로 생각해 봐도 사이비가 많다는 것은 무언가 '먹을 것이 있다'는 반증이 아닐까요? 진짜가 더 진짜 같을까요, 사이비가 더 진짜 같을까요? 명품의 수가 많을까요, 사이비가 더 많을까요? 수도 없이 많은 회원직접판매사 중에서 명품 회사를 만나는 것은 쉽지 않습니다.

회원직접판매의 성패 여부는 제품경쟁력과 합리적인 수익 구조에 달렸습니다. 도둑질이나 사기, 전쟁이 아닌 이상 일확천금은 없습니다. 그런데 '회원직접판매'라고 쓰고 '일확천금'이라고 읽는 회사도 많습니다. 내 욕심에 스스로 채여 넘어지는 우(愚)를 범하지 말기 바랍니다.

02
미래가
궁금하신가요?

리더는 찾는 것일까요, 만들어지는 것일까요? 스스로의 의지로 운명을 개척하는 것과, 타고난 대로 사는 것 중 무엇이 현명한 것일까요? 선천적 기질이 우선일까요, 후천적 학습에 더 영향을 받을까요? 어느 쪽에 방점을 찍느냐에 따라 자녀 양육법이나 삶의 태도가 달라집니다. 정해져 있다면 애써 배우고 노력할 필요가 없습니다. 비즈니스 조직에서도 학습에 매진할지 인재 스카우트에 집중할지 결정해야 합니다. (반도국가 기질인지 우리나라는 원천기술 개발에 인색합니다. 타인이 개발한 것을 가져다 재빠르게 돈을 만드는 구조입니다. 자연과학은 말할 것도 없고 종교나 인문학도 모두 수입합니다.)

'정해진 답이 있다'는 철학을 '결정론적 세계관'이라 하고, '정해진 바가 없다'는 철학을 '비결정론적 세계관'이라고 합니다. 기독교와 유교는 결정론적 세계관이고, 불교와 도교는 비결정론적 세계관입니다. 입시철이나 진급철에는 무리지어 점집이나 철학관을 찾습니다. 미래를 알고 싶은 것이지요. 아니면 불안함을 달래기 위함일까요? 점을 보는 것이나 철학관을 찾는 행위를 비과학적이라고 평가절하하기도 합니다. 하지만 그렇게 오랜 시간 동안 많은 사람들이(고학력자와 심지어 종교인들까지) 자기 발로 찾아가 돈까지 지불하며 (이미 결정된) 미래를 묻는 것을 단순하게 불안감을 달래기 위해서라고만 보기에는 석연치 않습니다. 고등 종교를 표방하는 종교들도 만사형통의 아스피린을 팔지 않습니까? 과연 결정된 미래가 있을까요? [명리학(命理學)의 주요 주제는 '미래는 결정되어 있는가?' '결정된 미래를 개선할 수 있는가?'입니다.]

수험생이나 진급 대상자, 비즈니스를 계획하는 사람이 미래가 '좋지 않다'고 하면 아예 시작도 하지 않을 것이고, 결과가 좋다면 기꺼이 도전할 것입니다. 그런데 딱한 것은 이미

정해진 운명이라 피하거나 돌아갈 수도 없다면 상황이 아주 고약합니다. 떨어질 줄 알면서 시험치는 수험생 꼴입니다. 자전거를 배울 때 빤히 쳐다보면서 들이받는 것과 같습니다.

수험생의 예를 들어 볼까요. 불안은 애매한 실력을 가지고 있는 학생들 몫입니다. 실력이 탁월해(전국 1등) 모든 대학에서 러브콜이 온다면 결과가 궁금하지 않겠지요. 반대로 성적이 바닥이라도 결과가 궁금하지 않을 것입니다. 애매한 실력이거나 노력은 하기 싫고 과실은 탐이 날 때 미래가 궁금하지 않을까요. 뭐든 마찬가지지만 대충 해 봐서 될 것 같으면 하고, 자신이 없거나 성공 가능성이 희박하면 포기하겠다는 자세가 문제입니다.

이렇듯 적당하게 걸려 있는 사람들이 (미래가 걱정되니) 복채와 헌금을 주고 매달립니다. 원하는 답이 나올 때까지 이집 저집을 찾아다니기도 합니다. 애당초 '완전 연소'할 마음 없이 발가락 끝만 걸치고 여차하면 포기할 작정입니다. 엉덩이를 반쯤 빼고 도망가는 자세로 배트를 휘둘러서는 홈런을 칠 수 없습니다. 남에게 아니 신에게 내 미래를 청탁하기 전에 자신에게 먼저 물어야 합니다. 내가 절대자라고 해도 엉거주춤 매달리는 사람에게는 가피(加被)를 내리지 않을 것입니다. 하늘이 주는 화는 피할 수 있지만 자신이 부른 화는 피할 수 없다고 합니다.

사족 같은 얘기를 해 볼까요. 저도 들은 얘기입니다. 점을 치거나 기도하는 사람이 '반드시 어떻게 하겠다'는 작정을 하고 미래를 엿보는 것이 아니랍니다. 가령 오후부터 비가 온다 하면, 우산이나 비옷을 챙겨 가는 정도의 준비를 하게 됩니다. 여름 가고 가을 가면 겨울이 오는 것을 알고 있으니 두툼한 옷과 이불도 준비합니다. 하지만 우산을 준비한다고 비에 젖지 않는 것도 아니고, 두툼한 옷을 입었다고 춥지 않은 것도 아닙니다. 사는 것이 그런 것 같습니다.

때로는 미래를 묻는 것이 지혜일 수도 있고 자신을 믿는 것이 지혜일 수도 있지만 정작 중요한 것은 자세가 아닐까 싶습니다.

운명(運命)이란 말[命]이 움직인다[運]는 뜻입니다. 정해진 (고정된) 미래가 없다는 뜻입니다.

03 소 잡는 칼,
닭 잡는 칼

작품(공장에서 찍어대는 것은 제품입니다), 명품은 적합도가 생명입니다. 나무로 말하자면 용도에 맞는 나무를 골라야 하고 공정에 맞는 연장을 써야 합니다. 대패를 써야 할 때, 끌을 써야 할 때, 톱을 써야 할 때 각각 맞게 사용해야 합니다. 물론 나무와 공구의 질도 천차만별이고 같은 나무 공구라도 다루는 솜씨가 천지차이입니다.

명곡은 음표 하나, 쉼표 하나만 빠져도 곡 전체가 무너져 내리듯 장인의 습작은 과정 자체가 예술입니다. 장인의 숨결, 손짓, 눈길이 하나 하나 모여 작품이 됩니다. 아니 장인의 삶의 찌꺼기가 작품입니다. 악기나 그릇, 물건을 만드는 것도 적합한 도구를 적시에 사용해야 하는데 하물며 사람은 어떻겠습니까? 명품을 빚어 내는 사람을 장인이라고 합니다. 누구나 장인을 꿈꾸지만 아무나 장인이 되지 않습니다. 비즈니스 리더도 마찬가지라고 생각됩니다. 하나의 명품을 빚기 위해 다양한 경험과 시행착오로 단련되어 가면서 리더가 될 것입니다. 실수와 실패를 두려워해서는 아무것도 할 수 없습니다.

소 잡는 칼로 소를 잡아야 하고, 닭 잡는 칼로 닭을 잡아야 합니다. 소 잡는 칼로 닭 잡는 사람은 우스꽝스럽고, 닭 잡는 칼로 소 잡는 사람은 소리만 요란하고 결과가 허망합니다. 닭 잡는 칼로 소 잡겠다고 덤비다가는 소에 받쳐 죽기 십상입니다. 이런 사람을 리더라고 따르다가는 모두 쫄딱 망합니다. 마치 장님이 장님 따라가는 꼴입니다.

자신의 칼이 어떤 칼인지 알아야 합니다. 자신에게 적합한 일을 해야 합니다. 말이 쉽지 자신의 한계를 아는 것은 결코 쉬운 일이 아닙니다. 그래서 자신을 각성시키고 성장시켜 주는 훌륭한 스승과 좋은 벗이 인생의 전부일지도 모릅니다.

서로가 서로에게 좋은 벗이자 정신이 번쩍 나게 하는 스승
이 되어야겠습니다.

나비처럼 날아서
벌처럼 쏘라

얼마 전 유명을 달리한 전설의 복서 무하마드 알리Muhammad Ali가 나비처럼 날아 벌처럼 쏘았습니다. 나비처럼 날다가 결정적인 순간에 정교하게 쏘았습니다.

나비처럼 날다 벌처럼 쏘기 위해서는 링에 오르기 전에 헤아릴 수 없는 땀을 쏟아야 합니다. 마이클 조던Michael Jordan과 스티븐 커리Stephen Curry도 피나는 연습으로 정상에 올랐다고 합니다.

한순간 정확한 펀치가 승부를 가르듯, 승부처에서는 정확함이 요구됩니다. '중요한 계약을 성사시킬 때'가 그렇고 '리더감을 후원할 때'도 정확함이 요구됩니다. 무딘 칼로 고수를 상대할 수 없고, 검무용 칼로 전쟁을 치를 수 없습니다. 전문가의 기운force이 몸에 배어야 합니다. 눈빛이 살아 있고 말에 힘이 있어야 사람이 따릅니다. 또래 집단끼리는 무딘 칼이 통할지 모르지만 강호무림의 세계에서는 정확함이 요구됩니다. 정확함은 머리가 아니라 '감'으로 체득됩니다. '감'을 타고난 사람도 있지만 오랜 노력 끝에 얻을 수 있습니다.

정확함은 무엇보다 벗을 찾을 때, 스승을 영접할 때, 배우자를 택할 때, 일을 선택할 때 필요합니다. 나아갈 때와 물러설 때도 정확함이 요구됩니다.

05
채움과 비움

한국전쟁 이후 1980년대 초반까지는 빈곤의 시대입니다. 먹을 것이 부족할 때는 채움이 우선입니다. 그 시기에는 영양보충이 우선입니다. 하지만 요즘은 과잉이 문제입니다. 폭식과 과식이 일상화되었습니다. 건강을 위해 운동이나 보약 섭취 못지않게 그릇된 식생활이나 생활습관을 바로잡는 것이 보다 직접적입니다. 몸에 안 좋은 것을 덜 먹으면(양 못지않게 질도 문제입니다. 정신노동자는 하루 한 끼나 두 끼면 충분하지 않을까요?) 몸이 가볍고 돈도 굳습니다. (피치 못할 사정이 아니면 만남을 자제하고 말도 줄이는 것이 바람직합니다. 채우는 것 못지않게 비우는 것이 중요합니다.)

　젊어서는 즐거움이 부족해 불행한 줄 알고 즐거움을 찾아다닙니다. 친구와 연인을 찾아다니고, 술 마시고, 영화 보고, 온 세상을 헤매고 다닙니다. 그러나 나이가 들어 보니 즐거움이 부족해서 불행한 것이 아니라 남이 나를 괴롭히지만 않아도 행복하다는 것을 알게 되었습니다. 부모님이 아프지만 않아도, 아이들이 사고만 치지 않아도, 크게 돈 벌지 못해도 현상 유지만으로도 고맙습니다. 괴로움을 여의면 바로 행복입니다. 이고득락(離苦得樂)입니다.

　배울 때는 채워야 합니다. 젊은이는 온 세상을 채울 각오로 덤벼야 합니다. 세상이 좁은듯 휘젓고 다녀야 합니다. (꿈이 9급 공무원이어서는 안 됩니다.) 그러나 노인이 되어서도 채우려고 혈안이면 곤란합니다. 채우는 것 못지않게 비워야 합니다. 훌륭한 목수는 못 한두 개로 족하지만 서툰 목수는 잔뜩 박고도 불안해합니다.

　화무십일홍(花無十日紅)이고, 달도 차면 기운다고 했습니다. 차면 빠지는 수위가 있습니다. 돈이든 명예든 복이든 찰만하면 빠지는 수위가 있습니다. 죽기 살기로 모아도 사기를 당하든, 사고가 나든, 병원비로 나가든 한순간에 빠져나 갑니다. 그래서 어른들이 그릇을 먼저 키우라고 했던 모양입니다. 우보익생만허공 중생수기득이익(雨寶益生滿虛空 衆生 受器得利益, 허공 가득 보배가 내려도 각자 그릇크기만큼 받아간다) 이라 했습니다.

지혜로운 사람은 빠지기 전에 먼저 베풀어 버립니다. 사고 나 병으로 빠져나가면 분하지 않습니까? 그럴 바에야 빠지 기 전에 먼저 베풀면 기분이라도 좋습니다. 그 보상을 내가 못 받으면 내 자식이라도 받을 것입니다. 미리 미리 비우는 연습을 하세요. 비워야 채울 수 있습니다. 손에 쥔 모래를 놓 아야 황금을 쥘 수 있습니다. 욕심만 부리다가는 요즘 아이 들 말마따나 '한 방에 훅 갑니다.'

인생이란 장사가 아닌데 왜들 계산하고 따져 가며 살려고들 해요? 남는 장사 누가 못해요? 오르막길이 없으면 내리막길 생기지도 않아요. 이 땅 덩어리가 그냥 평평했다면 정말 재미 도 없고 살 맛 없어 다 미쳐 버렸을 겁니다.

밑지는 인생을 살 줄 알아야 할 것 같습니다. 본전치기 때때로 손해를 봐야 살아남을 수 있습니다. 삼시 세끼 먹는 밥이 다 살

찌면 큰일 납니다. 설사도 하고 토하고 찌지도 빠지지도 않기
에 먹을 수 있습니다.

_전우익, 《사람이 뭔데》

노세, 노세, 젊어서 노세

노세의 어원은 놀자play가 아니라 놓자(비우자)입니다. 힘이 있
어야(젊어야) 놓을 수 있고 용서할 수 있습니다. 물에 빠지면
지푸라기라도 잡는다고 하지요. 불안하고 힘이 없으면 놓지
못합니다.

06 학습과 실천

배움에 열중하나 실천이 부족한 사람이 있고, 행동은 빠르나 학습에 게으른 사람이 있습니다. 학습과 실천이 균형을 갖추어야 합니다. 옛 어른들은 지행합일(知行合一)이라 했습니다. 안목(眼目) 없음을 맹목(盲目)이라 합니다. '눈[目]이 망(亡)했다'는 뜻입니다. 안목 없는 실천은 라이트 없는 자동차와 같습니다. 엔진출력이 강할수록 문제입니다.

안목은 있으나 실천이 없으면 몽상가나 허풍장이가 되기 쉽습니다. 천하 없는 시스템이 있어도 실천 없는 자유와 행복은 없습니다. 자유로 가는 다리가 있어도 자신의 두 다리로 건너지 않으면 허당입니다. 안목과 실천이 함께해야 자유와 행복을 성취할 수 있습니다. 그림 잘 그리는 법을 아무리 이론으로 공부하고, 축구 잘하는 법을 공부해도 학습만으로는 부족합니다. 그림을 그리고 축구를 해야 이론이 체득되고 보완됩니다. 학습과 실천은 별개가 아닙니다.

되는 일을 되도록 하면 '지혜롭다' 하고, 안 되는 일을 안 되도록 하면 '어리석다' 합니다. 쌀로 밥을 지어야지 모래로 밥은 지어서는 안 될 일입니다.

자전거는 넘어지는 것이 배우는 것이요, 물 먹지 않고 수영을 배울 수는 없습니다. 농사 지으려면 논밭으로 가야 합니다. 일단 나서야 합니다. 한 걸음을 떼야 다음 걸음이 보입니다. 남들의 시선을 의식해 자기가 할 일 못하는 사람을 바보라고 합니다. 전우익 선생님 말씀입니다.

느티나무는 가을에 낙엽 진 다음 해마다 봄이 되면 새 잎을 피울 뿐만 아니라 껍질도 벗습니다. 누에를 쳐 보니 다섯 번 잠을 자고 다섯 번 허물을 벗은 다음 고치를 짓습니다. 탈각탈피가 없이는 생명의 성장과 성취는 불가능합니다. 탈각탈피를 하지 못하면 주검이겠지요.

언젠가 누구에게나 마지막이 옵니다. 마지막이란 일상이 쌓여서 이루어지는 것입니다. 한술 밥에 배 불리려는 도둑님 심보 갖지 말고 그냥 한 걸음 한 걸음 나가기를 바랍니다. 서투름 없는 능숙함은 없습니다. 뚜벅뚜벅 가다 보면 행복이 있을 것입니다. 깜깜 밤중일수록 새벽이 가깝다는 증거입니다. 머무는 곳마다 행복하기를 빕니다.

07

복일까, 감일까?

세상 끝까지 찾아다니며 묻는 사람도 있고, 할 말 안 할 말 다 해 줘도 "그게 정말입니까?" 하고는 돌아가는 사람이 있습니다. 질문 속에 이미 답이 있고, 질문을 잘하면 이미 반 이상의 결과를 낸 것입니다. 사람들은 무엇을 모르는지도 모르고 무엇을 물어야 하는지도 모릅니다. 딱한 일입니다.

앞에서도 말했지만 최고의 정보는 원리가 선명하고 실천이 간명합니다. 회원직접판매의 성공은 단순함에 있습니다. 단순해야 언제 어디서 누구나 복제가 가능하기 때문입니다. 간단한 실천법을 알려 주니 그대로 실행하면 될 텐데, 그것

말고 비방을 내놓으라고 합니다. '성공이 그렇게 단순할 리 없다'고 합니다. '그렇게 쉬우면 아무나 성공할 수 있지' 하며 믿지 않습니다.

누구나 할 수 있어야 회원직접판매입니다. 언제, 어디서나, 누구나 복제가능해야 자산소득이 됩니다. 열쇠는 단순함의 반복에 있습니다.

정치인이나 사업가가 말이 많을 때는 '해 주기 싫다'는 뜻입니다. 되는 일은 그냥 합니다. '고려해 보자' '생각해 보자' '상황을 보자'는 점잖은 거절입니다.

사실 그렇게 복잡한 이론이나 많은 말이 필요하지 않습니다. 당연한 것은 그냥 당연한 것이지요. 하늘이 무너지지 않고 땅이 꺼지지 않음은 자연스러운 것입니다. 하늘이 무너지지 않음을, 땅이 꺼지지 않음을 걸음걸음 확인해야 나아갈 수 있다면 피곤해서 살 수 없을 것입니다. '당연한 것을 당연하다고 아는 것'을 감이라고 합니다.

사업이나 사람을 선택함에 있어 머리로 판단하기도 하지만 '감'으로 판단하기도 합니다. 감이 작동되는 계기는 사람 따라 다릅니다. 사기성이 내재된 사람은 사기성이 있어야 감이 올 것이고, 허황된 기질이 있는 사람은 일확천금을 보여 주어야 감이 오리라 생각됩니다. 감을 '지혜'라고 해도 무방하고 타고난 '복덕'이라고 해도 될 것 같습니다.

그릇을 키우는 일을 '덕을 쌓는다'고 합니다. 복 담을 그릇을 키우는 일이지요. 복도 지혜도 사람을 통해 옵니다. 그러니 무엇보다 좋은 사람을 알아보는 감을 키우는 것이 중요한 일입니다. 서로에게 복이 되고 지혜를 주는 좋은 인연이 되기를 바랍니다. 마음 보냅니다.

08 기초가 튼튼해야 합니다

　모름지기 기초가 튼튼해야 합니다. 기초가 튼튼해야 뒷심이 좋습니다. 어린 시절 독서량이 학문의 밑거름이 되고 튼튼한 기초체력이 운동선수의 기본입니다. 성적에 집착해 잔기술을 먼저 배우면 큰 판에서 밀립니다. 큰 기술에 잔기술 없어야지 작은 기술에 큰 기술 없을 수 없습니다.

　우리나라 학생들은 기초체력을 기르기도 전에 경쟁에 내몰려 일찍 지쳐 버려 집중할 시기에 방전되기 일쑤입니다. 국제 올림피아드 대회 수학, 과학에서 최고 성적을 내지만 수학이나 과학을 재미있어 하는 학생은 별로 없습니다. 비단 학생만의 문제가 아니라 성인들도 마찬가지입니다. 시급한 일보다는 중요한 일을 먼저 해야 합니다. 자신에게 투자해야 하고, 즐겁고 잘할 수 있는 일을 해야 합니다. 온종일 일하지만, 일을 재미있어 하지는 않습니다. 깨어 있는 시간의 대부분 일을 하는데, 그 일을 억지로 한다는 것은 인생을 억지로 산다는 것입니다.

우리는 시간당 임금을 수령합니다. 시간과 돈을 바꾸는 것입니다. 시간이 삶이라면, 삶과 돈을 바꾸는 일이 인생입니다. '돈을 번다'고 하지만 돈을 위해 사는 것입니다. 그래서 비정규직은 직업이기도 하지만 삶이 비정규직인 것입니다. 보람도 없고 재미도 없고 의미도 없으니 하루하루가 지옥입니다. 재미있는 일, 잘할 수 있는 일, 의미 있는 일을 하면 좋겠습니다.

$$Y_{(소득)} = A_{(시간당 임금)} \times X_{(근무시간)}$$

비즈니스도 기본기를 먼저 익혀야 합니다. 기초가 부실하면 고층건물을 올릴 수 없습니다. 노원지마력(路遠之馬力)입니다. 길이 멀어야 말을 알 수 있습니다. 먼 길을 가 봐야 천 리마인지 당나귀인지 알 수 있습니다.

세월이 가는 걸 본 사람도 나무가 크는 걸 본 사람도 없는데, 세월은 가고 나무는 자랍니다. 나무는 뿌리만큼 자란다고 합니다. 뿌리보다 웃자란 미루나무는 바람이 좀 세게 불면 나가자빠집니다. 눈에 보이지 않는 뿌리가 나무를 지탱하고 있는데, 눈에 뜨이지 않는 일보다는 눈에 보이는 나무가 되기를 바라는 것이 민심같이 느껴집니다.

_전우익,《혼자만 잘 살믄 무슨 재민겨》

가을에 호박 구덩이를 깊고 넓게 파서 퇴비와 똥을 듬뿍 져다 붓고 이른 봄에 흙을 덮어 호박을 심어야 크고 아름답고 분이 나고 향기로운 호박이 줄줄이 달리는데, 흙이 얕고 좁고 거름이 없는 데선 어디 그런 호박이 굴러나옵니까?
호박도 이러한데 항차 사람의 삶이야 더 어김없으니 공짤 바라지 말자고 마음먹었습니다.

_전우익,《호박이 어디 공짜로 굴러옵디까》

인생을 건 성취는 기초가 튼튼해야 합니다. 회원직접판매는 먼저 한 달 정도 집중해서 알아보는(학습하는) 것이 좋습니다. 학습 과정에서 이해가 되지 않거나 자신감이 안 생기면 '너나 잘하라'고 각자 자유로우면 됩니다.

행동으로 옮기면 어떤 형태로든 대가를 지불해야 합니다. 학습으로 충분히 이해가 되면 열심히 발로 뛰면 됩니다. 집중해서 뛰면 실력이 붙습니다. 경쟁력을 가진 만큼 네트워크를 건사할 수 있습니다.

처음에는 자기를 비우고 검증된 시스템을 받아들여야(하얀 천에 물감 들이듯) 합니다. 대가를 치러 가며(실수와 실패를 통해) 성장합니다. 무슨 일이든 처음 배울 때는 바닥부터 기어야 합니다. 초년 성공은 쪽박의 지름길이라고 했습니다. 갑질하는 부서나 갑질 하는 회사에서 사회생활을 시작한 사람은 못된 습성이 배서 처지가 바뀌면 바보가 되어 버립니다. 레드카펫이 지옥으로 가는 지름길이라 했습니다. 부모가 온갖 편법을 동원해 자식의 앞길을 알아서 닦아 주는 것은 자식을 죽이는 길입니다. 믿어 주고 기다려 주어야 합니다. 엄한 부모에게서 효자가 나온다고 했습니다.

기나긴 인생길에서 수도 없이 넘어지고 스스로의 힘으로 일어서야 합니다. 파트너 대신, 자식 대신 넘어질 수도 일어설 수도 없습니다. 많이 넘어지는 것이 더욱 단단해지는 길입니다. 선배는 가능성을 믿어 주고 기다려야 하고 후학은 지성으로 따라야 합니다.

호박에 거름 주듯, 큰 인물을 키워 내듯 큰 그림을 가지고 멀리 보고 기본기를 탄탄히 다져야 합니다. 선배의 길을 따라가며 조바심 내지 말고 터 닦는 마음으로 배워야 합니다.

박상준 선생님(역사 연구가)에게 스승이신 관응 노사(老師)께서 교재를 1000독 하라고 하셨답니다. 서너 번 읽자 암기가 되어 낭송을 하지 않았고, 노 스님께서 어느 날 '글 읽는 소리가 나지 않는다'고 물으셨답니다. "이미 암기했습니다" 하니 똑바로 응시하시며 "그래도 1000독 하세요"라고 단호하게 말씀하시더랍니다. 박 선생님은 1000독을 했고, 낭송 도중에 1000독의 뜻이 체득되었답니다.

어학은 몸으로 익혀야 하고 몸에 배어야 자기 것이 된다고 합니다. 머리로 외운 영어 단어는 잊어 버려도 몸으로 익힌 자전거는 세월이 가도 남아 있습니다. 한문은 문장을 읽으며 그림이 선명하게 그려져야 겨우 입문한 것이라고 합니다. 우리말을 익힐 때도 문법 따지며 해석해 가며 익힌 것 아닙니다. 수없이 반복하고 말도 안 되는 소리를 해 가며 몸으로 익힌 것이지요. 어학도 기초를 튼튼히 하면 저절로 몸에 붙게 되나 봅니다. 비즈니스도 기초를 튼튼히 하는 과정에서 몸에 배면 저절로 네트워크가 짜이리라 생각합니다.

피하지 마세요

오늘 해야 할 일을 내일이나 모레로 미룰 수는 있지만, 언젠가는 해야 합니다. 일을 회피해서는 자유인이 될 수 없습니다. 수처작주 입처개진(隨處作主 立處皆眞, 머무는 곳마다 주인이 되면 서는 곳마다 모두가 참되리라)이라 했습니다.

바람 소리 쓸쓸하고

역수의 물은 차구나

장사 길을 떠나면

다시 돌아옴을 기대하지 않노라.

중국 전국시대 협객 형가의 노래입니다. 진시황을 암살하러 떠나며 역수 강가에서 부른 노래입니다. 영화 〈영웅〉(장예모 감독, 이연걸 주연)이 형가의 스토리입니다(영화 줄거리는 역사적 사실과 차이가 많이 납니다). 개인적 원한으로 자객이 된 것도 아니고 암살에 성공해도, 실패해도 그는 불귀의 객이 됩니다. 형가에게 주어진 일을 회피했다면 후세에 두고두고 비겁한 사람으로 남았을 것입니다. 무엇에도, 누구에게도 의지함 없이 무소의 뿔처럼 자신의 길을 가야 참자유인입니다. 조직이나 사람에게 의지하고자 했던 저를 각성하게 만듭니다.

선농 선생님(선관무 선농선원 원장)은 무술 고수입니다. 과거에는 맞지 않으려니 상대가 움찔하면 물러서기를 반복했답니다. 지금은 상대의 타격 흐름을 따라가며 받아들인답니다. 100의 힘으로 치고 들어오면 (흐름을 따르며) 30 정도로 충격을 흡수하고 130 이상의 힘으로 가격한다고 합니다. 안 맞으려고 할 때는 한 군데도 칠 곳이 없더니, 피하지 않고 받아들이겠다고 마음먹으니 '상대의 온몸이 급소로 보이더라'는 것입니다.

한 수 배웠습니다. 다치지 않고 상처받지 않고 쉽게 문제를 풀어 보려는 저 자신이 보였습니다. 무언가를 성취한다는 것은 '문제를 안고 간다'는 것입니다. 요행을 바라는 마음이 있으면 안 될 것입니다. 일을 두려워하지 말고 문제를 열린 마음으로 받아들여야겠습니다. 용기란 두려움이 없는 것이 아니라 한 번 더 도전하는 것이라고 합니다. 인생에 지름길 없습니다. 해야 할 일이고 가야 할 길이라면 열린 마음으로 가 볼 일입니다.

행복해 보인다고 다 행복한 건 아니다

편법, 탈법, 사기, 내부거래는 지름길입니다. 온갖 권력형 비리도 지름길입니다. 한때 성공은 도처에 가득합니다. 범법으로 부와 권력을 움켜쥔 대가를 치를 수도 있고 피할 수도 있습니다. 봄이 가면 여름 오듯 나름의 질서로 정리되는 것이 역사의 가르침입니다. 나의 결핍을 상대가 가지고 있으면 부럽습니다. 아무런 문제도 없고 마냥 행복해 보입니다. 하지만 내면을 들여다보면 사정이 다릅니다. 행복해 보인다고 다 행복한 건 아닙니다. 현실이 어떻든 언젠가는 무대 뒤로 쓸쓸히 사라져야 합니다. 그때 웃을 수 있어야 합니다.

10 좋은 사람과 함께 가는 산이 명산입니다

오래 묵으면 발효되는 음식이 있는가 하면 부패하는 음식도 있습니다. 묵을수록 정이 가는 사람이 있는가 하면 반대의 경우도 있습니다. 백이(伯夷)와 숙제(叔齊), 관중(管仲)과 포숙(鮑叔)과 같이 아름다운 관계도 있고 반대의 경우도 있습니다.

세월이 음식의 가치를 드러내듯 사람의 깊이도 드러냅니다. 중요한 것은 사람입니다. 복도 화도 사람과 함께 옵니다. 어느 시기에 어떤 사람과 함께 있느냐에 따라 행복과 불행이 결정됩니다. 학연, 지연, 혈연과 같이 주어지는 인연이 있는가 하면 만들어 가는 인연도 있습니다. 주어진 인연이야 어찌할 수 없지만 만드는 인연은 자기의 몫입니다.

유유상종(類類相從)이라고 비슷한 사람끼리 어울립니다. 격이 다른 사람끼리는 오래 같이 할 수 없습니다. 나는 5000원짜리 음식을 먹자 하고 상대는 5만 원짜리 음식을 먹자 한다면, 한두 번이야 같이 먹을 수 있지만 오랫동안 어울릴 수는 없습니다. 하물며 돈뿐이겠습니까? 상대방이 돈이 있으면 나는 명예나 학식, 아니면 권력이라도 있어야 합니다. 친구는 격이 맞아야 합니다. 모든 것이 한쪽으로 기울면 내면적으로 주종관계가 형성됩니다. 격이 맞아야 벗이 됩니다. 절대 자유를 얻고자 하는 사람과 돈만 따라가는 사람은 함께하기 어렵습니다. 온 세상을 무대로 삶을 꿈꾸는 사람과 도둑질을 해서라도 아파트 평수만 늘리려는 사람은 벗이 될 수 없습니다. 향기로운 벗이 되어야 하겠습니다. 좋은 사람과 함께 가는 산이 명산입니다. 좋은 사람과 함께 사는 인생이 명품 인생입니다.

비즈니스도 마찬가지입니다. 좋은 사람으로 네트워크가

형성되어야 과정도, 결과도 풍성합니다. 며느리나 사위를 맞듯, 귀하고 선한 사람으로 네트워크를 채워야 합니다. 욕심으로 가득 차 있거나 이기적인 사람 한 명이 (맑은 물에 잉크 한 방울이 번지듯) 순식간에 전체를 망가트립니다.

내가 맑지 않으면 맑은 사람은 나를 떠납니다. 내가 욕심으로 가득 차 있으면 욕심쟁이만 주변에 바글바글할 것입니다. 무감어수 감어인(無鑑於水 鑑於人)이라 했습니다. 물에 나를 비추지 말고 사람에게 비추라 했습니다. 준비된 리더라

인생을 산다는 것은 무언가를 보내고 맞는 것이요, 사람을 맞고 보내는 일이 가장 중한 일이라 했습니다.
회원직접판매에서 유익한 정보를 연결하고 공유합니다. 처음에는 상품을 파는 듯 설득하는 듯 보이지만, 사실은 신용을 파는 것이고 나를 파는 것입니다. 인간 사이의 신뢰와 우정은 기계적으로 측정할 수 없습니다. 나를 비우는 것이 너를 얻는 일이 되기도 합니다. 자산소득을 얻는 일은 좋은 벗을 얻음으로써 가능합니다. 천하 없는 명산도 불편한 사람과 가면 악산이 됩니다. 좋은 사람과 함께 가는 산이 명산입니다.

면 금상첨화겠지만, 그렇지 못하다면 나부터 빈 그릇이 되어야 할 것입니다. 그래서 옛 어른들은 배움을 '깨우침'이라 하고 '수도'(修道)라고 하셨나 봅니다.

자유의 크기가 행복의 크기입니다

사람이 힘들까요, 일이 힘들까요? 모두가 '사람이 힘들다'고 합니다. 일은 닥치면 하게 되지만 사람은 어떻게 해 볼 수가 없습니다. 가까울수록 이해관계가 얽힐수록 이러지도 저러지도 못하고 괴로움을 주고 받습니다. 그러면 사람이 힘들까요, 사람에 대한 생각이 힘들까요? 예를 들면 명절증후군과 같습니다. 많은 며느리들이 명절은 오지도 않았는데 생각만으로도 머리가 아프다지요. 그러나 막상 시댁에 가면 아무 일도 없었다는 듯이 주어진 일을 씩씩하게 해냅니다. 닥치면 별일 아닌데도 생각만으로 머리가 아픈 것이지요.

[만물의 영장이라더니, 인간은 스스로 자기를 괴롭히는 놀라운 재주가 있습니다. 이래서 일체유심조(一切唯心造)라 했나 봅니다.]

마술사는 모두를 속여도 자신은 속지 않습니다. 하지만 사람들은 자기 마음을 펼치고는 스스로 속습니다. 집단상담을 할 때 "좋아하는 음식을 말해 보세요" 하면 김치, 치즈, 불고기, 잡채, 국수 등 여러 가지 음식이 등장합니다. 어떤 사람은 김치를 좋아하고 어떤 사람은 치즈를 좋아합니다. "음식의 문제일까요, 사람의 문제일까요?" 하면 모두가 사람 문제라고 합니다. 같은 방식으로 좋고 싫은 동물과 식물 등에 대해 물어 보아도 모두 사람 문제라고 답합니다.

이번에는 아버지나 어머니에 대해 떠오르는 대로 말해 보라 하면, '고맙다' '무섭다' '서럽다' '그립다' '화가 난다' 등등 다양한 감정이 나옵니다. 안내자(상담 진행자)가 다시 묻습니다. 그럼 이런 감정은 나의 문제일까요, 아버지 어머니의 문제일까요? 그러면 주춤거립니다. 내담자들은 '내 문제도 있고 아버지의 문제도 있다'고 합니다. '쌍방의 문제'라 하지만 내심은 '내 탓도 있지만 아버지가 원인 제공을 했기에 사실은 아버지 탓이다'라고 생각합니다. 마음 깊은 곳에 (원인을 제공한) 아버지에 대해 원망심이 깔려 있습니다. 상처 받고 아픈 겁니다. 사실은 어머니나 아버지 탓이지만, 분위기상 "내 문제도 있지만…" 하며 연막을 피우는 것입니다. 착한 컴플렉스일 수도 있습니다. 일종의 착시현상입니다.

핵심은 옳고 그름을 따지는 것이 아니라 '괴롭냐, 괴롭지 않냐'를 알아보고 '괴로움에서 벗어나자'는 것입니다. 내가 옳고 아버지가 틀리면 뭐하나요, 어쩌란 말이죠? 아버지는 오래전에 이 세상 사람이 아닐 수도 있고 그 문제에서 아무 생각이 없을 수도 있습니다. 나만 그 문제에 묶여 괴로워하고 있습니다. 괴로워서 일상이 꼬여 있는데, 아버지가 틀리고 내가 맞으면 뭐하나요? 상대가 부모님이 아니라 직장 상사나 사업 파트너라고 해도 마찬가지입니다. 문제 해결에 초점을 두어야지요. 문제를 해결해서 괴로움에서 벗어나야 합니다. 구속되면 괴롭고 자유로우면 행복합니다. 자유의 크기가 행복의 크기입니다.

괴로움의 원인이 네 탓이면 상대방이 문제해결의 열쇠를 쥐고 있다는 것이고, 상대가 바뀌기 전에는 절대로 문제를 해결할 수 없다는 것입니다. 행·불행을 상대가 결정하게 됩니다. 내 인생은 내 마음대로 해야지 왜 상대에게 키를 주나요?

구속되지 말고 (무심하게) 있는 그대로 봐야 합니다. 상대에 대한 내 생각(감정)에 문제가 있다고 인정하는 순간, 답을 내가 쥐고 있게 됩니다. 신천지가 열리는 겁니다.

사실 옳다 그르다는 명제, 즉 선악의 문제는 시대와 상황에 따라 변합니다. 시공간을 약간만 틀어도 선악이 다르게 규정됩니다. 정치인이 당적 변경을 하면 이쪽 당에서는 마음을 바꿨다고 하고 저쪽 당에서는 변절자라 합니다. 처한 입장에 따라 동일한 문제를 다르게 판단합니다. 절대선이나 절대악은 없습니다. 나에게는 선이 너에게는 악이 되기도 하지요. 일제강점기에 나라와 민족을 팔아먹은 매국노도 입장에 따라 구국의 결단으로 보기도 합니다. 교육문제도 그래요. 교육 당사자인 학생, 교사, 부모, 행정관료의 각론(各論)을 들어 보면 각자 입장에 타당성이 있습니다. 하지만 총론(總論)에서는 다릅니다. 학생도 교사도 부모도 괴롭고, 내용도 결과도 엉망입니다.

돈 버는 사람 따로 있고 쓰는 사람 따로 있습니다. 고생하는 사람 따로 있고 폼 잡는 사람 따로 있습니다. 죽자 살자 이루어 놓은 일이 너무도 사소한 일에 무너지기도 합니다. 한나라에 쫓겨 도망간 훈족의 영향으로 수백 년 후 로마가 멸망합니다. 우연이 필연으로 둔갑하기도 합니다.

못된 인간들이 잘살아도 너무 잘삽니다. '악법도 법'이라는 소크라테스의 말이 문헌적 근거가 없다고 합니다. 수천 년을 속인 겁니다.

자신의 정당성을 내세우는 것이 중요한 것이 아니라 문제를 해결하는 것이 어른다운 태도입니다. 리더의 자세입니다. 학교에서는 정의가 승리한다고 가르치지만 조금만 살펴보면 그렇지 않다는 것을 알게 됩니다. 세상에 답이 없어요. 특별한 의미도 없고요. 살게 되어 있으니 사는 겁니다. 어른들 말씀대로 죽지 못해 사는 겁니다. 정답이 없어요. 정해진 바가 없으니 순간순간 최선을 다해 사는 겁니다.

문제가 해결되지 않습니다. 주관적으로 해소할 뿐입니다. 단지 관점 차이가 있습니다. 미국 입장에서는 깔끔하게 해결된 이라크전쟁이 이라크 입장에서는 천인공노할 범죄입니다. 며느리 입장은 대만족이지만 시어머니 입장에서는 분통 터지는 일도 있지요. 모두에게 만족스러운 결과는 없습니다.

한정된 조건에서 모두가 욕심을 충족시키려니 답이 없어요. 조금씩 손해 보고 양보해 가며 살아야 하지 않을까요? 상대 몫도 있겠지만 내 몫도 있지 않을까요? 문제의 모든 원인이 밖에 있다면 정신질환자입니다. 요즘 언론에 자주 나오는 조현병이 이런 심리상태라고 생각됩니다.

12 가르친다는 것은

회원직접판매는 일반 프랜차이즈와는 다른 프라이빗 프랜차이즈라고 합니다. 유형의 점포나 가시적인 틀이 없습니다. 성공자의 습관이나 마인드를 복제하는 것입니다.

가령 맥도날드는 감자나 고기를 튀기는 방법, 기구의 위치, 색상, 유니폼, 주문 방법과 서비스 방법 등 모든 것이 규격화되어 있고, 그것을 교육받아 그대로 따르면 됩니다.

반면 회원집접판매는 성공자와 시스템을 복제하는 일이지만 강제성도 없고 가시적인 틀도 없습니다. 사람이 주 변수입니다. 정형화된 틀 없이 사람을 복제하려니 어찌 보면 쉽고 어찌 보면 까다롭습니다.

제품과 시스템이 검증되었다고 전제하면 사람 사이의 문제, 즉 인간관계가 남습니다. 어느 조직이나 인간간계가 중요하지만 회원직접판매는 더욱 중요합니다. 상대 마음을 산다는 것은 중요한 일입니다. 세상은 주고받기입니다. 작게 주면 작게 받고 크게 주면 크게 받습니다. 주고받는 게임이 인생살이입니다. 나눠 먹으면 마치 탁구공을 주고받듯 즐기며 살 수 있습니다. 어떤 사람은 받기만 하고 주지 않습니다. 이렇게 소통이 단절되면 사람이 떠납니다.

마음은 얼마나 심오한지 좋을 때는 우주도 받아들이지만 한번 틀어지면 바늘 하나 들어갈 틈이 없습니다. 한 평 공간에서도 걸림 없는 자유인도 있고, 궁궐 같은 집에서도 '답답해 죽겠다'는 사람도 있습니다. 마음에 기운이 가득하면 어지간한 일은 웃어넘기지만, 기운이 없으면 바람만 불어도 서럽고, 지나가는 개만 봐도 신경질이 납니다. 시간에 쫓길 때는 유난히 다른 차들이 더 끼어드는 것 같고, 신호가 더딘 것 같습니다. 서두르면 그르치기 십상입니다. 사람을 키우는 일은 더욱 그렇습니다. 농사는 사계절을 기다리지만 사람을 일생을 기다려야 합니다. 가르치는 사람의 욕심은 독약과 같습니다. 그저 믿고 사랑하고 기다려야 합니다. 씨 뿌리고 거름 주고 알맞게 비 오고 일조량이 맞으면 곡식 영글듯, 스스로 깨우치도록 기다려 주는 것이 할 일이 아닌가 싶습니다.

모든 것은 때가 있습니다. 겨울의 혹독함을 이겨 내야 봄꽃을 피우고, 뜨거운 여름 햇살을 머금어야 과실이 영급니다. 서두른다고 겨울에 열매를 맺지 않습니다. 듣기에 따라 답답할 수도 있지만, 스승은 제자의 때가 익기를 기다릴 수밖에 아무 수가 없습니다. 목마를 때 주는 물은 감로수지만 억지로 물을 먹이면 물고문입니다.

사람을 지도하고 모범을 보인다는 것이 쉬운 일이 아닙니다. 졸탁동시(卒啄同時)라고 합니다. 병아리가 알에서 나오기 위해서는 새끼와 어미가 안과 밖에서 동시에 껍질을 쪼아야 합니다. 서로 합심해 일이 잘 이루어지는 것을 비유하는 말입니다. 병아리와 어미가 1초의 어김도 없이 달걀을 쪼듯 제자가 익기를 기다려야 합니다.

기다리는 것, 때가 익었음을 아는 것도 쉽지 않습니다. 서두르다가 낭패를 보고, 때를 놓쳐 봐야 비로소 때를 알아보기도 합니다.

가르친다고 되는 것이 아닙니다. 각자 마음을 열고 받아들이는 만큼 학습됩니다. 공부는 스스로 하는 것이고, 제자가 마음을 열도록 돕는 것이 스승의 역할입니다. 좋은 부모되기 어렵듯 스승의 길도 어렵습니다. 환자 수백 명 잡아야명의 되고 제자 수만 명 잡아야 큰 스승이 된다고 합니다. 준비된 시기, 준비된 그릇이 되어야 하겠습니다.

제조현장 로봇에 사용되는 시냅스가 7.8개입니다. 현재로봇에 시냅스를 두어 개만 더 연결해도 성능이 폭발적으로 좋아진다고 합니다. 그런데 사람의 뇌는 뉴런이 1000억개 시냅스가 100조 개라고 하니 로봇과는 비교할 수도 없습니다. 뇌의 복잡성은 상상할 수도 없습니다. 뇌신경망에 자극이 주어져 생기는 특수물질이 마음입니다. 마음은 뇌보다훨씬 복잡 미묘합니다. 100조 개의 시냅스로 작동되는 뇌보다 한결 복잡한 마음, 마음이 이렇게 복잡하니 상대의 마음을 조정해 보려는 것은 애초에 불가능한 것 아닐까요? 처음

부터 답이 없는 것 아닐까요?

　내 갈 길 가고, 내 일 하면 됩니다. (처음 운전을 배울 때 옆 차와 뒤에 오는 차가 무서우면 운전을 못합니다. 그러나 내 차선만 가다 보면 차차 옆 차도 보이고 뒤에 오는 차도 보이게 됩니다.) 상대를 조정하려고(이용하려고) 해 봐야 되지 않습니다. 욕심으로 야합한 관계는 조금이라도 이해가 충돌되면 돌아섭니다. 각자 할 일 하고 공감을 얻으면(일으키면) 됩니다. 바르게 살고 도움 주면 상대는 나를 기쁘게 하려고 합니다. 학창시절에 좋아하는 선생님 과목은 공부도 열심히 하고 글씨체도 선생님 글씨체를 따라가지 않습니까? 자신의 일은 대충 하면서 파트너들이 최선을 다하기를 기대한다면 쫄딱 망할 것입니다.

　넉넉하게 운동장(플랫폼)을 만들어 사람들이 마음껏 뛰어놀게 하고 자기 할 일을 하면 되지 않을까요? 바람직한 모습을 보여 주고자 하지만 대중은 자신의 눈에 비춰지는 대로 봅니다(자식도 그렇습니다). 사람이 영물(靈物)이라 한두 가지 잔재주로 넘어가지 않습니다. 지금 그리고 여기에서 각자 할 일 하면 좋겠습니다.

13 배운다는 것은?

배움의 시작은 묻는 것이고, 마지막은 스스로의 힘으로 넘어야 합니다. 좋은 스승을 만나는 것이 첫 번째 복이요, 스승을 알아보는 것이 두 번째 복이고, 스승이 가르침을 펼 때 만나는 것이 세 번째 복이라 합니다. 사람들은 삶이 무탈하고 공부 잘하고 진급 잘하고 돈 잘 벌면 '복덕이 있다'고 합니다. 하지만 수행자가 참스승을 만났을 때 자신을 내려놓고 비우는 사람을 "선근공덕이 있다"고 합니다. 어리석은 사람이 일이 잘되면 수행할(자신을 돌아볼) 인연이 영영 없는 겁니다. 자신이 총명하다고 생각할수록 내려놓지 못합니다. 똑똑한 탓에 손해(?) 보는 것이지요. 그래서 세상사 공평하다고 생각됩니다.

무슨 일이든 전문가에게 배워야 합니다. 50도 물에 50도를 더한다고 절대 100도 되지 않습니다. 또래집단이 익숙하고 편하기야 하겠지만 배움은 전문가를 찾아야 합니다.

스승의 한 호흡도 놓치지 않아야 한다고 합니다. 처음엔 물어야 하고, 마지막엔 자신의 힘으로 넘어야 합니다. 처음에 묻지 않거나 마지막에 묻는 제자는 함량 부족입니다. 항상 코끝을 맞대고 있어도 허망한 만남이 있습니다. 양무제와 달마의 만남이 그러합니다. 일면식 없이도 그리운 관계도 있습니다. 우리의 관계를 이렇게 만들어 가야 합니다. 사람이 좋으면 일이 힘겨워도 거뜬히 이겨 나갑니다. 사람에 대한 신뢰가 없으면 조그만 일에도 천리만리 멀어집니다.

경부선 타고 '부산 간다'고 합니다. 부산 가는 길에 수원, 천안, 대전, 구미, 대구를 경유합니다. 말로 할 수 있는 것이 있고 스스로 깨우쳐야 하는 것이 있습니다. 공부는 깨우침이고 구도입니다. 서울과 부산 사이의 경유지는 스스로 깨우쳐야 합니다. 경유 역을 모두 알려줘야 할 정도면 애초에 안 될 일이고 안 될 사람입니다.

혼신의 힘을 다해 스승의 발자국을 따라가다 보면 맥락이 환히 보일 때가 있습니다. 그때쯤이면 제자도 작은 스승 정도 되어 있겠지요. 맥락이 보여야 세상을 볼 수 있고 인생을 알 수 있습니다. 아무 수가 없습니다. 그저 한 걸음 한 걸음 나가야지요. 마음에서 스승으로 받아들였다면 자기 생각 비우고 '죽었다' 하고 따라가야 합니다. 스승의 경지가 되어 보면 "아!" 할 때가 올지 모릅니다.

14 위선과 위악

가짜가 판치는 세상입니다. 정치·경제·사회·문화 할 것 없이 사이비가 가득합니다.

현대인은 이미지를 먹고 삽니다. 이미지가 지배하는 시대입니다. 광고로 경제가 돌아갑니다. 믿어지지 않지만 하나에 수천만 원 하는 가방이 있습니다. 조현아(대한항공 부사장)씨가 검찰 출두 시 입은 옷과 가방의 가격이 보통 사람의 연봉을 넘었다고 합니다. 수천만 원이면 굶어 죽는 아이 수백 명을 살릴 수 있고 우물도 여러 개 파 줄 수 있습니다. 핸드백 자체를 수천만 원에 구매하는 것이 아니라 이미지를 사는 것입니다. 샤넬이니 뤼비통이니 알마니니 하는 것들이죠. 상품경제가 조장한 이미지에 현혹되어 엄청난 금액을 기꺼이 지불합니다. 밤늦은 시간, 화장하지 않은 맨얼굴은 자신이 아니라지요.

아이들도 학교 교육이 '참교육'이 아님을 알고 있습니다. 더 큰 문제는 사이비를 사이비라고 말하지 못한다는 사실입니다. 임금님이 벌거숭인데 아무도 입 밖으로 그 사실을 말하지 못하듯, 어려서부터 눈에 보이는 대로 말하지 못하고 눈치만 살피게 됩니다. 이런 모순은 군대에서 절정을 이룹니다. 이렇게 훈련되어야 사회에 나와 부도덕한 조직논리에 순응하게 됩니다. 어려서부터 세상에 대한 신뢰가 없이 경쟁에서 살아남기 위해 혈안입니다. 행복과 신뢰를 빼앗긴 아이들이 사회의 주역이 되었을 때 그 대가를 톡톡히 치러야 할 것입니다(이미 치르고 있습니다).

사회가 건강하면 양식(良識)이 상식이지만 사회가 불량하면 처세(處世)가 상식입니다. '국민은 개, 돼지와 같다'고 말한 공직자(그것도 교육부 고위관리!)가 매스컴 앞에서 머리를 조아리고 있지만 '재수 없이 나만 걸렸다'고 생각하는 식입니다(옥시 사장도 그랬답니다. 한 개인의 문제가 아니라 사회의 수준입니다). 여론이 들끓는 시간만 지나면 슬그머니 원점으로 회귀합니다(갑질 논란으로 공분을 샀던 남양유업도 125억인가 하는 벌금을 최종심에서 3억인가 5억으로 깍았다지요). 삼척동자도 알 만한 일을 버젓이 거짓으로 합니다.

법으로만 해결되는 사회는 천박한 사회입니다.

가족끼리는 법이 불필요합니다. 인문학 강사 최진기의 말을 빌리면 '화목한 가정, 행복한 가정'은 있어도 '정의로운 가정'이라는 말은 없다고 합니다. 재화 획득은 아버지가 하지만 소비는 딸이 힙니다, 아버지가 벌고 딸이 쓰지만 가정에서는 문제 되지 않습니다. 사회에서는 불가능한 일입니다. 불법이지요. 돈을 버는 사람이 써야지 약자가 쓰면 처벌됩니다. 마르크스는 '능력대로 일하고 필요대로 사용하자'고 했습니다. 가정 같은 사회가 바람직할까요, 사회 같은 가정이 바람직할까요?

법은 누구를 위해 있는 것일까? 법을 약자가 만들었을까요, 강자가 만들었을까요? 범법자와 범죄자를 볼까요. 경제

사범이나 정치사범은 '범법자'라고 합니다. 일반적으로 경제범이나 정치범은 능력이 있거나 부유층입니다. 아무리 큰 사고를 저질러도 벌금만 내면 그만입니다. 살인이나 강도는 대개 사회적 약자들이 저지르고, 그들을 '범죄자'라고 하지요. 범법자와 달리 범죄자는 '사람이 악질'이라는 인상을 줍니다. 자본주의는 경제 제일주의입니다. 물신주의(物神主義) 사회에서는 경제사범을 가장 엄하게 처벌해야 합니다(교도소 수감 하루에 몇백 만 원씩 탕감해 주는 것을 어떻게 이해해야 할까요?). 가중처벌은 못해도 함무라비법전에 입각해 먹은 만큼이라도 토하게 하는 사회가 상식 있는 사회가 아닐까요? 굳이 장발장까지 들먹이지 않더라도, 신뢰가 기반되지 않은 법 중심 사회는 천박한 사회입니다. 아무리 천인공노할 짓을 해도 법에 의해 판결받았다면 모든 것이 용인되지 않습니까? 법은 사회정의를 위한 것이 아니라 한 건수 저지른 기득권층에게 면죄부용으로 존재하는 듯 합니다.

강자는 자신이 얼마나 훌륭한지, 선한 사람인지를 광고하느라 위선을 떱니다. 반면에 약자는 위악을 떱니다. 돈도 없고 백도 없어 억울하게 당하고 살았는데 '물러 보이면 더 당할지 모른다'고 위악을 떤다고 합니다.

비즈니스 세계도 마찬가지입니다. 사이비는 위선을 떱니다. 진짜를 곡해하고 자기만이 유일한 대안인 양 호들갑을 떱니다. 자기 이야기를 하지 않고 상대를 비방하느라 혈안입니다. 시냇물은 요란한 소리를 내지만 호수는 고요합니다. 구호가 요란하기보다 내용이 알차야 합니다.

씨가 좀 굵은 율무, 콩, 땅콩은 심어 놓으면 짐승들이 파먹기도 하는데, 작은 씨는 짐승들이 건드리지도 못합니다. 눈에 띄지 않는데 어떻게 건드릴 수 있어요? 낙락장송으로 자라는 솔 씨는 쌀의 오분의 일이 될까 말까 하고, 몇백 년을 살고 몇 아름드리로 크는 느티나무 씨는 이파리 뒤편에 붙어 있다고 들었는데 얼마나 작은지 이제까지 보지 못했습니다.

작은 씨를 사람의 마음속에 심을 때, 심어졌는지도 모르게 그 사람이 씨를 싹 틔어 키우고 열매를 맺어 주는 것이 앞 사람이 할 일이 아닐까요?

_전우익, 《혼자만 잘살믄 무슨 재민겨》

언젠가 광화문에서 목격한 일입니다. 어버이연합 주최 집회에서 선글라스에 군복을 입은 노인들이 위세당당하게 구호를 외치고, 확성기에서는 군가가 쩌렁쩌렁 울려 퍼지고 있더군요. 그 사이로 꾀죄죄한 옷차림에 깡마르고 새카만 분이 자전거에 깃발을 꽂고 왔다 갔다 하고 있었습니다. 깃발에는 '예수천국 불신지옥'이란 새빨간 글자가 펄럭이고 있었습니다.

일을 시작하기도 전에 현수막 걸고 요란하게 광고부터 합니다. 돈으로 사는 명예박사가 무슨 대단한 벼슬이라고 학교 정문에 명예박사 취득식 현수막을 겁니다. 거리마다 자극적인 내용의 플래카드가 넘칩니다.

우리 선배들은 '함께 고생해 봅시다'라며 결혼생활을 시작했다는 말을 들었습니다. 지하 월세 방에서 비키니 옷장 하나로 살림을 시작해 하나씩 둘씩 살림장만한 것이지요. 그러나 요즘 젊은이들은 그렇지 못한 것 같아요. 결혼식부터 더 크고 요란하게 하려고 안달입니다. 결혼이 흥행 같아요. 축의금 보내라고 청첩장에 계좌번호를 찍기도 합니다. 결혼(식)은 집안 행사이고 식 자체가 고비용 구조이니 축의금을 품

앗이한다고 하지만, 젊은이들이 남의 주머니에 의지해 출발하는 건 좋아 보이지 않아요. 작은 결혼식이 바람직해 보여요. 집들이니 백일이니, 결혼식이니 출판기념일이니 하며 사람을 불러대는 것은 민폐가 아니라 범죄라는 생각도 듭니다. 시작은 소박하게 하고 내용을 알차게 하면 좋을 텐데요.

15 대가를
치러야 합니다

목수에게 3층집을 지으라고 했습니다. 목수는 기초를 닦고 1층부터 지었습니다. 부자가 말했습니다. "3층을 지으라고 하지 않았나. 1, 2층은 필요 없네."

과정 없이 결과 없습니다. 100억 정도는 가볍게 말아 드시는 분들이 많습니다(인생살이에 그렇게 큰 돈이 필요할까 궁금하기도 합니다). 초등학생들의 꿈 1위가 임대업자랍니다. '편히 먹고 살 수 있기 때문'이랍니다. 연예인이나 스포츠 스타를 동경하던 아이들보다 진화한 모양입니다. 역사는 진화하는 걸까요?

과정이 야물수록 결과가 단단합니다. 도가 깊을수록 마장이 크다고 했습니다. '젊어 고생 사서라도 한다'고 했는데, 부모가 나서서 부정 입학이니 군 면제니 불법상속을 하는 세상입니다. 네가 능력이 없으니까, 부러우니까 그런 철없는 소리를 한다고 하겠지요. '부러우면 지고 설레면 이긴다'고 했습니다. 가슴이 어디에서 설레는지 솔직해야 합니다. 출발이 다르니 결과를 남다르게 낼 수도 있겠지요. 그러나 온실에서 자란 화초는 들판에 나가면 곧 시듭니다. 즐거운 것과 보람된 것은 다릅니다. 독식으로 누리는 행복도 있겠지만 함께 사는 행복도 있습니다.

지금 견딜 수 없게 힘이 든다면 당신은 살아 있는 것이고 무언가를 하고 있는 것입니다. 숨 쉬고 있는 한 살아 있는 한 행복을 향한 구심력이 있습니다.

환경이 좋다는 곳에서 자란 나무는 단단하기도 향기롭기도 덜하고 메마른 곳에서 자란 나물수록 나이테가 쫌쫌하고 단단하고 아름답습니다. 향기도 아주 진합니다.

재주에도 영리한 쪽 둔한 쪽이 있는데 약삭 빠르게 앞질러 가면 진짜 이치는 깨닫지 못하고 스치게 된대요. 우둔하게 끝까지 파고들어야 일꾼이 된대요. 머리가 번뜩이고 손재주가 있는 사람보다는 좀 둔하고 성실한 쪽이 낫습니다.

낙락장송이 일 년에 일 센치미터씩 컷다면 일이 미리미터씩 반도 못가 쓰러졌을 거라고 짐작해 봅니다. 일 년에 일이 미리미터씩 컷기에 저렇게 클 수 있다는 것을 깨달았습니다.

경지는 무한한데 사람이 어느 시점에서 자만도 하고 좌절도 해서 주저앉아 버리는 것 같습니다.

나무는 사계절의 힘과 이십사절기와 사계절의 리듬을 타고 다지며 커가는데, 사람들은 억지와 경쟁으로 자신과 이웃, 줄기까지도 갉아 먹으면서 자라려고 하니까 일이 뒤틀리는게 아닌가 싶어요.

우리나라 추위가 대개 땅을 한두 자 정도 얼게 한다지요. 쥐새끼도 그 정도까지는 굴을 재고요. 땅은 얼었다 녹으면서 움직이니까 언다는 것이 땅을 갈아 주는 역할도 한다고 합니다. 두 자가 아니까 길어도 한 자가 안 되는 도라지는 완전히 얼게 되는데 봄이 되면 다시 살아 나지만 땅 밖에서 언 놈은 녹으면서 썩어 버려요.

_전우익,《호박이 넝쿨째 굴러옵디까》,

《혼자만 잘살믄 무슨 재민겨》,《사람이 뭔대》

신영복 선생님께서 말씀하셨습니다. "불편함이야말로 정신을 깨어 있게 합니다. 살아 있다는 것은 불편한 것이고, 살아 있다는 것은 상처 받는 것입니다."

16 생각하지 않은 죄

일할 때 좋은 날이나 조건 같은 것을 따지는데, 좋은 날은 오지 않을 거예요. 우공이산(愚公移山)이라고 하잖아요. 매일매일 흙을 조금씩 옮겨 급기야는 산을 옮긴다는.

오늘이 가장 좋은 날, 내 앞에 있는 사람이 가장 좋은 사람입니다. 좋은 날 기다리다가는 아무 일도 못합니다.

이 악물고 하는 일보다는 즐기면서 하는 일이 좋습니다. 그래서 무엇을 위해 사는지, 왜 사는지를 자문해야 합니다.

크게 외치는 소리 말고 내면의 소리에 귀 기울여야 합니다. 신이나 부처 앞에서도 구걸하느라 소란 떨지 말고 침묵

해야 합니다. 자연이, 인생이, 세상이 들려주는 말에 공감해야 합니다.

자신을 위한 일을 해야 합니다. 자유와 행복을 추구해야 합니다. 배부른 돼지가 안전하고 편할 수 있지만, 언젠가 제 사상에 오르게 될 것입니다. 머리로 생각하고, 가슴으로 느껴 선택해야 하고, 선택한 뒤에는 뒤도 돌아보지 않고 걸어야 합니다. 우리나라 학교 교육의 문제는 '생각하지 못하게 만든다'는 것입니다. 감각이 마비되고 생각도 마비되고 감성도 메마른 아이로 키웁니다. 통조림이 무슨 양심이니 인간애가 필요하겠습니까?

제2차 세계대전에서 가장 악독했던 전범에게 다양한 검사를 했습니다. 인간이 어떻게 그렇게까지 할 수 있는지 (이해할 수 없을 만큼) 극악한 행위를 했기 때문입니다. 심리 검사는 기본이고 뇌 검사까지 했지만, 검사 결과 모두 정상이었습니다. 망연자실한 검사관들이 내놓은 결론은 "생각하지 않은 죄"였습니다. 생각하지 않고 그때 그때 자기에게 이로운 대로 (편리한 대로) 살면 누구나 그처럼 될 수 있습니다. 자기도 모르게 젖어드는 겁니다.

생각하지 않고 살면 사는 대로 생각하게 됩니다. 깊게 생각하고 생각하고 생각해야 합니다. 길이 없는 것이 아니라 생각하지 않는 것이고, 상상력이 없는 것입니다. 우리는 스스로에 대해 알고 있는 것보다 훨씬 많은 것을 알 수 있고, 의미 있는 세상을 만들 수 있습니다. "안 돼" "나만 잘살면 되지" "나 하나 똑바로 서기도 힘들어"라고 하지 말고 "어떻게 할 수 있을까?" "더 나은 세상이 있어" "조금씩만 나누면 좋은 세상이 될 거야"라고 생각하면 됩니다. 지긋이 바라보고 깊게 생각하면 다른 삶을 살 수 있습니다. 체 게바라의 말대로 가슴속에 불가능한 꿈이라도 하나씩 가지고 살아야 합니다.

자신의 가장 높은 기준에 따라 살 수 있습니다. 많은 장애물이 있겠지만 사람의 생각은 모든 것을 이겨 낼 만큼 대단한 것입니다.

새로운 인생, 새로운 세상을 생각하고 꿈꾸시기 바랍니다.
우리는 할 수 있습니다.

머무는 곳마다

오랫동안

행복하소서!